# LIVRET

DE

## L'EXPOSITION DES PRODUITS DE L'INDUSTRIE,

ANNÉE 1844.

PARIS. — TYPOGRAPHIE DE COSSON, RUE SAINT-GERMAIN-DES-PRÉS, 9.

# LIVRET

DE

# L'EXPOSITION DES PRODUITS

## DE L'INDUSTRIE, ANNÉE 1844,

CONTENANT

### la Liste générale des objets exposés,

Suivant leurs numéros de classement dans les salles,

*Les noms et domiciles des principaux fabricants et inventeurs, etc., etc.;*

ORNÉ D'UNE GRAVURE.

**PRIX : 25 CENTIMES.**

Ce livret fait partie du Catalogue explicatif et raisonné
de l'exposition quinquennale
**PUBLIÉ RUE DE BUSSI, 12-14.**

1844.

# LISTE GÉNÉRALE

## DES

# OBJETS EXPOSÉS.

1 Soie grége jaune, peluche.
2 Soie grége, soie organsin.
3 Papiers divers.
4 Papiers à dessin, etc.
5 Peaux de chevreau mégissées.
6 Métier à doubler la soie.
7 Limes. M. H. 1834.
8 Bougies stéariques.
9 Toiles cirées.
10 Cadres dorés.
11 Trousse de pompier.
12 Savon d'oléine.
13 Imprimerie, tables de Mendoza.
14 Toiles à voiles, etc.
15 Papier jésus fin sans colle.
16 Toile à voile, toile blanche.
17 Pipes de formes différentes.
18 Papiers de tenture.
19 Grès et poteries.
20 Grès et poteries.
21 *LeBleis et Paisant fils*, à Pont-l'Abbé (Finistère). Produits de leur féculerie. C.
22 Cuir fort. M. H. 1839.
23 Charrue, nouveau modèle.
24 *Jardin* (Charles-Samson), à Quimper (Finistère). Une croisée fermant bien. C.
25 Papeterie, papiers divers.

26 Cuirs divers.
27 Cuirs, baudrier lissé.
28 Échantillons d'essences indigènes.
29 Tissus écossais, coutil velours.
30 Tissus divers.
31 Cheminées en marbre, etc.
32 Pompe foulante et aspirante.
33 *Ogier* (Auguste), à Luxeuil (H.-Saône). Fourneau éco. C.
34 Clous à radouber, etc.
35 Fers ronds, carrés et plats.
36 Fers fins et aciers.
37 Tôles et fers blancs.
38 Tissus de coton, madapolam.
39 *Myet*, à Fahy-les-Autrey (Haute-Saône). Linge de table damassé, etc. C.
40 Bleu et carmin d'indigo.
41 Draperie commune, ratine, etc.
42 Castorine bleu de roi.
43 Laines peignées.
44 Charrue Dombasle.
45 Toiles de lin, etc.
46 Cuirs tannés en croute.
47 Lin peigné et teillé, etc.
48 *Linion Duparcmeur*, à Quintin (Côtes-du-Nord). Toiles e fils, nappes, etc. C.

49 Machines à filer le lin à la main.
50 Toiles à voiles.
51 Cuirs forts.
52 Clous.
53 Peaux de mouton en croûte.
54 Dentelles de lin.
55 Blondes, dentelles de velours.
56 Dentelles et blondes.
57 Pattes de bretelles.
58 Tissus de laine, etc.
59 Tissus de laine, etc.
60 Laines peignées.
61 *Cotton* frères, à La Rochelle (Charente-Inférieure). Louve, cric à déclic. C.
62 Mach. pour enlever les déblais.
63 Vannerie indienne.
64 Mouvements de montres.
65 Serrures à double pêne.
66 *Devie* père et fils, à La Rochelle. Plateaux, coquillages, etc. C.
67 Porcelaine hygiocérame.
68 Horloges, roues d'horlogerie.
69 *Chavin* frères, à Morez (Jura). Horloges ordinaires, etc. C.
70 Balance à équilibre sans poids.
71 Tabatières en corne.
72 Fourneaux en fonte, etc.
73 Tournebroches, etc.
74 Cadrans divers, etc.
75 Montures de lunettes.
76 *Lamy* et *Lacroix*, à Morez (Jura). Montures, verres de lunettes. C.
77 Tournebroches, ressorts.
78 Fourneaux en fonte.
79 Papeterie.
80 Fourneau en fonte.
81 Planchettes pour miroirs, etc.
82 Pompe aspirante et élévatoire.
83 Coupe-feuille.
84 Cheminée aérifère fumivore.
85 Bleus indigos, couleurs superf.
86 Chambranles, consoles, etc.
87 Aciers, faux, etc.
88 Aciers et faux.

89 Fers et aciers.
90 Fers en barres, essieux, fontes.
91 Échelle-équerre.
92 Fer, minerai.
93 Mach. pour l'irrig. des prés.
94 Draps divers, molleton.
95 Draps divers.
96 *Vernazobres jeune et Comp.*, à Bédarieux (Hérault). Draps divers. C
97 Draps divers.
98 Tables rondes en marbre.
99 Tapis divers, descentes de lits.
100 Modèle de turbine hydraul.
101 Bascules pour le pesage.
102 *André* (Justin), à Lodève (Hérault). Foulon prismatique. C.
103 Foulon à percussion.
104 Bas, bonnets, mitaines, etc.
105 Lampes à alcool.
106 Produits chimiques.
107 *Figuier*, à Montpellier (Hérault). Héliane, produit chimique. C.
108 Cardes.
109 Cuirs et peaux.
110 Sabots-guêtres.
111 Soies blanches et jaunes.
112 Soies grèges et ouvrées.
113 Soies, bas de soie à jour et br.
114 *Bourdeaux ainé*, à Montpellier (Hérault). Instr. de chirurg. couteaux, etc. C.
115 Cuirs et peaux.
116 Ouates, couvertures, etc.
117 Cuirs tanné.
118 Cuir tanné.
119 Cuir tanné.
120 Cuir tanné.
121 Cuir tanné.
122 Manches de fouets, cravaches.
123 Soie.
124 Fusil.
125 Machines à égrapper le raisin.
126 Marbres de diverses couleurs.
127 Marbres divers.
128 Bonnets catal. en laine rouge

129 Extirpateur et araire-buttoir.
130 Rubans tissés.
131 Rubans façonnés.
132 Rubans façonnés.
133 Rubans façonnés.
134 Rubans façonnés.
135 Rubans façonnés.
136 Rubans façonnés.
137 Rubans façonnés.
138 Rubans de soie variés.
139 Rubans de soie façonnés.
140 Rubans de soie.
141 Rubans de soie.
142 Rubans unis et velours.
143 Rubans façonnés.
144 Rubans façon., gaz brod., etc.
145 Rub. de soie et soie à coudre.
146 Aciers.
147 Faux en acier fondu.
148 Essieux, rails, fers laminés.
149 Enclumes, étaux, pelles, etc.
150 Enclumes, étaux, essieux.
151 Fers, compas, outils divers.
152 Rubans unis et velours.
153 Coutellerie commune.
154 Fusils de chasse.
155 Fusils de chasse.
156 Fusils de ch. canons de fusils.
157 Galons de passementerie.
158 Bretelles et tissus de bretelles.
159 Fils de coton.
160 Tissus de coton.
161 Tissus de coton.
162 Mousselines unies et brodées.
163 Soie grége, jaune et blanche.
164 Soies teintes.
165 Lacets.
166 Peigne pour rubans de soie.
167 Glaces minces, étamées, etc.
168 Menues de houil. agglomérés.
169 Cirages.
170 Rouge-végétal.
171 Soies filées.
172 Fers, carosserie en fer, chai.
173 Modèle de ch. à rails de bois.
174 Soie blanche et jaune, filoselle.
175 Draps divers.

176 Toisons, mérinos et laines.
177 Draps.
178 Draps.
179 Croiseur mécanique.
180 Draps.
181 Draps.
182 Draps.
183 Draps.
184 Draps.
185 Draps.
186 Cornues, ballon, capsules.
187 Cuir tanné.
188 Calibreuse.
189 Toucheur mécanique.
190 Sous-pieds *agraphiques*.
191 Charrue.
192 Charrue.
193 Laine brute, laine mérinos.
194 Fer-blanc.
195 Fer, fil de fer.
196 Feuille de tôle.
197 Tôle, essieux, canons de fusil.
198 Fer pour baïon., lames, etc.
199 Fer blanc.
200 Cuillers, couverts ordinaires.
201 Couverts étamés.
202 *Bergaire* aîné, à Darney (Vos-
      ges). Couverts étamés. C.
203 Mouvements de pendules.
204 Coton filé, calicot et toile p.
205 Coton filé, toile de coton.
206 Calicots et tissus de coton.
207 Toile de coton.
208 Calicot.
209 Papiers divers.
210 Dentelles.
211 Dentelles.
212 Dentelles.
213 Tuiles.
214 Tuiles.
215 *Jean-Pierre*, à Nompatelize
      (Vosges). Un Métroton. C.
216 Violons.
217 Couteaux.
218 Machine à battre les grains.
219 Laine.
220 Fécule de pomme de terre.

221 Toiles à voiles.
222 Toiles de ménage.
223 Coutils, mouchoirs en fil.
224 Tissus de flanelle.
225 Fils blanchis à différents deg.
226 Fers de toute espèce.
227 Instr. pour couper l'ajonc.
228 Marmites, casseroles en fonte.
229 Herse, charrues.
230 Crible-batteur.
231 Cuirs et peaux.
232 Cuirs et peaux.
233 Peaux de veau et de mouton.
234 Cuirs et peaux.
235 Ustensiles pour la pêche.
236 Engrais animalisé.
237 Fusil avec ses accessoires.
238 Broderies en paille.
239 Fleurs en coquillages.
240 *Dénisot* (madame), à Saint-Malo ( Ille - et - Vilaine ). Fleurs en coquillages. C.
241 Toiles diverses.
242 Moteur hydraulique.
243 Charrues-fourches ; herse.
244 Baignoire.
245 Rouets.
246 Turbine de la force de 18 chev.
247 Angélique sous div. formes.
248 *Lasseron* et *Legrand*, à Niort (Deux-Sèvres). Grue dynamométrique. C.
249 Tapis.
250 Tapis.
251 Tapis.
252 *Sallandrouze* (Jean-Jacques), à Aubusson (Creuse). Tapis. C.
253 Dessins pour tapis.
254 Rosaces, chambranles.
255 Pressoirs locomobiles.
256 Fers et fontes.
257 Appareil à battre les faux.
258 Cotons filés.
259 Vêtem. div., en drap feutre.
260 Moules-filtres.
261 Étoffes de laine diverses.
262 Pierres lithographiques.
263 Fils de fer, fer laminé, etc.
264 Herse roulante, charrues.
265 Couteaux dits *de Nontron*.
266 Fer en barres.
267 Fer en barres.
268 Alun, vitriol, bleu de Prusse.
269 Acétates.
270 Tours, scies, découpoirs.
271 Fourneaux, essieux, ornem.
272 Ciseaux, rabots.
273 Tenailles et autres outils.
274 *Hey*, à Strasbourg. Foyer de cuisine. C.
275 Tissus métalliques.
276 Ouvrages en tissus métalliques
277 Bombardon à cylindres.
278 Bugle-basse, bugles à cylind.
279 Ophycléide et cornet à cylind.
280 Impressions diverses.
281 *Simon* fils, à Strasbourg (Bas-Rhin). Lithographies. C.
282 Tapis et toiles cirées.
283 Maroquins, peaux de veaux.
284 *Emmerick* et *Georges* fils, à Strasbourg (Bas-Rhin). Maroquins. C.
285 Tapis, couvertures, etc.
286 Laines peignées.
287 Draps divers.
288 Draps divers.
289 Draps divers.
290 Drap écarlate, drap noir.
291 *Heilgenthal* et comp., à Strasbourg. Objets en mastic et carton pierre.
292 *Tresel*, à Saint-Quentin (Aisne). Mesures linéaires métriques. C.
293 Machine à battre le grain.
294 Poêles cuisinières en fonte.
295 Serrure.
296 Serrures, espagnolette.
297 Cheminée en bois.
298 Charrues à 4 fers.
299 Pantomètre.
300 *Dezaux-Lacour*, à Guise (Ais-

ne). Cuirs. C.
301 Tissus de coton.
302 Tissus.
303 Tissus de coton, de tulle, etc.
304 Tissus, linge de table.
305 Tissus divers.
306 *Jacquemin* et *Huet* jeune, à Saint-Quentin (Aisne). Tissus et broderies. C.
307 Tissus brodés.
308 Fils de lin, fil à dentelle.
309 Laines.
310 Laines.
311 Machine à scier la pierre.
312 Typolithographie.
313 Flacons de verre gar. en osier.
314 *Léger*, à Laval (Aisne). Formes à sucre, briques, etc. C.
315 Glaces, produits chimiques.
316 Potasse, alcool, produits chim.
317 Bouteilles, cloches à jardin.
318 Bouteilles.
319 Bouteilles, cloches à jardin.
320 Assiettes, vases div. en faïence.
321 Soie grége, toiles, etc.
322 Soie grége, gazes à bluter.
323 Ratines, étoffes de laine.
324 Ratines molletons, draperies.
325 Fonte de moul. et fonte d'affin.
326 Draps communs.
327 Batiste écrue.
328 Instruments d'agriculture.
329 Machines à battre le blé.
330 Bonneterie.
331 Pipes, briques réfractaires.
332 Balance micrométrique.
333 Laines.
334 Produits du maïs, suc., papier.
335 Tulle ouvragé.
336 Cheminée prussienne.
337 Cafetières, autres objets en Britannia.
338 Tulles, dentelles, voilette.
339 Voilettes et volants en dentel.
340 Tulles, imitation de dentelles.
341 Serrures incrochetables.

342 *Gérard*, à Breuvannes (Haute-Marne). Limes et râpes. C.
343 *Miélot* aîné, à Breuvannes (Haute-Marne). Limes et râpes. C.
344 *Rivot de Bazeuil*, à la Ferté-sur-Amance. Ronds de table en toile cirée. C.
345 Coutellerie.
346 Fourneau avec marmites, etc.
347 Laines.
348 Statues et autres objets en fonte moulée.
349 *Féquant*, à Chaumont (Haute-Marne). Pompe à incendie. C.
350 *Ménétrel*, à Joinville (Haute-Marne). Brides de sabots. C.
351 Objets divers en marbre.
352 Soies gréges.
353 Limes.
354 Cardes.
355 Laines filées et peignées.
356 Laines peignées, peigne.
357 Cotons filés, calicots.
358 Diverses étoffes imprimées.
359 Toiles blanches.
360 Toiles demi-hollande.
361 Soies moul., retord. et teintes.
362 Fils de lin pour cordonniers.
363 Pistolets, fusils, nécessaire.
364 Étuis en cuivre repoussé et v.
365 Cotons retors.
366 Porcelaines opaques.
367 Échappement pour montre.
368 Vases divers en grés émaillé.
369 Draps et div. étoffes de laine.
370 Inst. à vent avec des clés pist.
371 Extirpateur tétracycle.
372 Herse à quatre roues.
373 Extirpateur.
374 Serrure de sûreté.
375 Draps, couvertures en laine.
376 Contrôleur pendule, horloger.
377 Cuirs.
378 Soie grége.

379. Fonds de chaudière.
380 Pelles en fer.
381 Objets en marbre.
382 Marbres divers.
383 Asphalte des Pyrénées.
384 Objets divers en grés et argile.
385 Consoles, chapit., rosaces, etc.
386 Charrue en fer.
387 Cardes pour laine.
388 Plan incliné remplaç. les écl.
389 Modèles de portes d'écluses.
390 Voiture parachute.
391 Clé de montre.
392 Pressoir mobile.
393 Houe.
394 Cuirs et peaux.
395 Creusets et formes à sucre.
396 Porcelaine opaque.
397 Chocolats.
398 Bougies stéariques.
399 Couvertures en laine.
400 Couvertures en laine.
401 Couvertures en laine.
402 Roues de charrue.
403 Biberons, bouts de sein.
404 Chocolat.
405 Chocolat en poudre.
406 Noir animal.
407 Colle-forte.
408 Limes.
409 Caoutchouc.
410 Billard-table.
411 Draps noirs, bleus etc.
412 Bonnets turcs.
413 *Japy*, à Berne, commune de Seloncourt (Doubs). C. Ustensile de ménage en fer battu. C.
414 Papiers.
415 Rasoirs perfectionnés.
416 Scies, feuilles de tôle, etc.
417 Passe-partout, scies, etc.
418 Pièces détachées pour filat.
419 Machine à fabriquer les clous.
420 Mouvements d'horlogerie.
421 Mouvements de pendule.
422 Faux.

423 Faux.
424 Pince plate, casse-nois., etc.
425 Boîtes à musique, etc.
426 Faux.
427 Flacon de bleu d'outre-mer.
428 Outil à graduer, tour à pivoter.
429 Feuilles de carton porcelaine.
430 Tour universel.
431 Tour universel.
432 Échappement et montre.
433 Chalum. en cuivre à 2 b., etc.
434 Roue d'échappement.
435 Différentes montres.
436 Mouvement de montre.
437 Outil à graduer en horlogerie.
438 Échap. de montre, montre.
439 Outils divers d'horlogerie.
440 Gravures daguerréotypées.
441 Volumes reliés.
442 *Lepelletier-Damas*., à Bonnal (Doubs). [Rideaux. C.
443 Vases à épurer les huiles.
444 Pompes.
445 Draps, tartans, toile de laine.
446 Draps, tartans, alpaga, flan..
447 Flanelles, mérinos.
448 Fer pour câbles de navires.
449 Essence d'anis., d'absin., etc.
450 Essence d'anis, de girofle, etc.
451 Essence d'anis et de genièvre.
452 Divers produits chimiques.
453 Tuiles imperméables.
454 Tuyaux divers.
455 Papier végétal.
456 Panneaux de décors., pap., etc.
457 Machines à imprimer les étof.
458 Bardes, banc à broches.
459 Mouv. de friction pour cardes.
460 Pressoir en fer.
461 Navettes en fer pour tissage.
462 Vis à bois, en fer et en cuivre.
463 Ébauches de montres., etc.
464 Coupe-lanière et accessoires.
465 Épreuves de lithographie, etc.
466 Fils de coton.
467 Coton filé.
468 Coton filé.

1000 Pianos de différents modèles.
1001 Pianos divers.
1002 *Schoen*, à Paris, rue Basse-du-Rempart, 46. Pianos à queue, droits et carrés. C.
1003 Orgues expressives.
1004 *Debain*, à Paris, rue Vivienne, 53, et rue de Bondy, 76 et 78. Orgues harmonium. C.
1005 *Alexandre* père et fils, boulevart Bonne-Nouvelle, 10. Orgues melodium. C.
1006 Orgues.
1007 Orgues expressives.
1008 Orgues, trompette marine.
1009 *Fourneaux*. Paris, gallerie Vivienne 64 et 70. Orgues et flûte mécanique. C.
1010 *Bernhardt*, à Paris, r. Saint-Maur, 17. Pianos. C.
1011 Pianos divers.
1012 Pianos divers.
1013 *Richter*, à Paris, r. de l'Echiquier, 29 bis. Pianos. C.
1014 *Issaurat, Leroux* et comp., à Paris, r. Basse-du-Rempart, 18. Pianos et orgues. C.
1015 *Bord*, à Paris, r. du Sentier, 11. Pianos à queue. C.
1016 *Rinaldi*, à Paris, boulevart St-Denis, 13. Pianos à queue et droits. C.
1017 Pianos à queue, carrés.
1018 Pianos à queue, oblique.
1019 Pianos.
1020 *Magnié* (Isidore), à Paris, faub. Poissonnière, 15. C. Pianos droits.
1021 Pianos verticaux.
1022 *Franck*, à Paris, galerie Colbert, 23 et 25. Pianos. C.
1023 *Gibaul*, à Paris, r. de la Chaussée-d'Antin, 58 bis. Pianos. C.
1024 Pianos droits.

1025 Pianos.
1026 *Koska*, à Paris, r. du Foin, 6. Pianos. C.
1027 Pianos.
1028 Pianos droits.
1029 *Dussaux*, à Paris, r. Bourbon-Villeneuve, 31. Pianos droits et carrés.
1030 *Bittner*. Paris, r. de la cérisaie, 3. Pianos. C.
1031 Pianos droits.
1032 *Mercier*, à Paris, boulevart Bonne-Nouvelle, 31. Pianos droits à cordes obliques. C.
1033 Pianos, chyrogymnaste.
1034 *Knéringer*. Paris, r. du Faubourg-Montmartre, 17. Pianinos. C.
1035 Pianos.
1036 *Busson*, à Paris, r. Montmartre, 84. Pianos carrés et droits.
1037 *Bautz*, à Paris, r. Laffitte, 36. Pianos droits. C.
1038 Orgues séraphiques.
1039 Soies gréges et ouvrées.
1040 Soies ouvrées.
1041 Soies ouvrées.
1042 Soies gréges.
1043 Porcelaine dite brune.
1044 Purgeoirs et tavelles.
1045 Papiers de toute sorte.
1046 Papier percé pour délitement des vers à soie.
1047 Soieries.
1048 Assiettes, tasses, etc.
1049 Mouchoirs peints.
1050 Mouchoirs peints.
1051 Soies gréges et ouvrées.
1052 Draps et laines peignées.
1053 Soies gréges.
1054 Cardes.
1055 Soies gréges et ouvrées.
1056 Soupières, cafetières, pots.
1057 Laines peignées, filécs, etc.
1058 Fils de laine en trame.

1059 Fils cachemire et laine.
1060 Châles en duvet de cachem.
1061 Bourre de soie brute.
1062 Cotons filés, calicots.
1063 Objets de corderie.
1064 *Touze*, à Essonne (Seine-et-Oise. Tuyaux de toile sans couture. C.
1065 Fils de lin teints ou blanchis.
1066 Camisoles, pantalons.
1067 Tableaux en tapisserie.
1068 Etoffe de soie, velours sculpt.
1069 Cuirs.
1070 *Le Roy*, à Saint-Germain-en-Laye. Cuir de bœuf et peau de veau. C.
1071 Chaussures économiques.
1072 Souliers-guêtres, souliers.
1073 Papiers.
1074 Barres de fer.
1075 Ressorts à pincettes.
1076 Machines à boucher le vin.
1077 *Guyard*, à Noisy-le-Roi (Seine-et-Oise). Piéges divers pour les animaux nuisibles. C.
1078 Boulons de divers genres.
1079 Outils aratoires.
1080 Outils pour lamineurs.
1081 Capsules et œillets métalliq.
1082 Etain en feuilles et laminé.
1083 Tuyaux en tôle.
1084 Crayons, plumes métalliques.
1085 Fusils doubles.
1086 *Porquet*, à Pontoise (Seine-et-Oise). Carabines de tir, fusils de chasse. C.
1087 Deux charrues.
1088 Un moulin domestique.
1089 *Danne*, à Essonne (Seine-et-Oise). Pressoir et cassoir. C.
1090 Secoueur à adapter à un batteur pour le blé.
1091 Montres marines, chronom.
1092 Chronomètres.
1093 *Noualhier et Boquet*, à Sè-vres (Seine-et-Oise). Matras, cornues. C.
1094 *Champion*, à Chennevières (Seine-et-Oise). Tuiles et machine à tuiles. C.
1095 Pétrin mécanique.
1096 Jardinières, buffet, bureau.
1097 Guéridon servant de rouet.
1098 Livres d'église illustrés.
1099 Chaudière pour les serres.
1100 Poêle chauffeur et éclaireur.
1101 Encriers.
1102 Coutellerie.
1103 Coutellerie.
1104 Coutellerie.
1105 Coutellerie.
1106 Rasoirs.
1107 Rasoirs.
1108 Coutellerie.
1109 Coutellerie.
1110 Peluches pour chapeaux.
1111 Papier Joseph.
1112 Etamines pour pavillons.
1113 Papier Joseph.
1114 Fécule de pommes de terre.
1115 Camées, bas-reliefs, incrust.
1116 Camées, bas-reliefs, incrust.
1117 Médailles et incrustations.
1118 Clous becquets.
1119 Pâtes françaises.
1120 Pâtes françaises et farines.
1121 Pâtes françaises et farines.
1122 Tuiles pour couvertures.
1133 *Constant*, au Foulhoux par Thiers (Puy-de-Dôme). Bouteilles de vin champanisé.
1124 Appareil nommé dessicateur.
1125 Cuirs.
1126 Caractères d'imprimerie.
1127 Chocolats.
1128 Pâtes d'abricots et fruits.
1129 Pâtes d'abricots.
1130 Liens et tresses en fil, etc.
1131 Dentelles.
1132 Dentelles.
1133 Lactucarium en pains.

1134 Plomb argentifère.
1135 Toile de chanvre et de lin.
1136 Machine à battre les faux.
1137 Machine à dessécher.
1138 *Verany*, à Clermont-Ferrant Piano droit à cordes verticales. C.
1139 Hydromètre à cadran.
1140 Chandelles.
1141 Draps divers.
1142 Verre à vitres.
1143 Draps.
1144 Chemin de fer au cinquième.
1145 *Letestu* et comp. Paris, r. de Vendôme, 9. Pompe à l'usage des vaisseaux. C.
1146 *Marie*. Paris, r. Basse-du-Rempart, 34. Pompes. C.
1147 *Hubert*. Paris, r. de l'Ouest, 28. Machine faisant mouvoir des pompes aspir. C.
1148 Pompes à incendie.
1149 Machine à vapeur.
1150 Machines à vapeur.
1151 Machine à vapeur.
1152 Mécanique à frotter et lustrer la bougie, machine à v. C.
1153 *Huck*. Paris, r. du Corbeau, 25. Une machine à vap. C.
1154 Machine à vapeur.
1155 Machine à vapeur.
1156 *Black*. Paris, Faubourg-St-Martin, 218. Modèle d'une machine à vapeur. C.
1157 *Antiq*. Paris, r. d'Enfer, 104. Machine à vapeur, système de Wolf. C.
1158 *Degousée*. Paris, r. de Chabrol, 35. Sondes et appareils pour les mines. C.
1159 Cornue rotative et fumivore.
1160 *Penzoldt et Rohlfs*. Paris, r. Mondétour, 35. Appareils hydro-extracteurs. C.
1161 Appareils régulateurs.
1162 *Thirion*. Paris, Allée-des-Veuves. Pompe à incendie. C.

1163 Robinets, jet d'eau.
1164 Turbine, roue dynamométr.
1165 Pompes à incendie, à irrig.
1166 *Guérin* et comp. Paris, r. Daguesseau, 10 et 12. Pompe à incendie, boyau. C.
1167 Pompes.
1168 Turbines à pression.
1169 *Hussenet*. Paris, passage Ste-Avoye, 9. Pompes à rotations excentrisées.
1170 *Durand* fils aîné. Paris, rue St.-Nicolas-d'Antin, 29. Garde-robes hydraul. C.
1171 *Travanet* (vicomte de). Paris, r. d'Enghien, 38. Modèle de balancier hydraul. C.
1172 *Laubereau* et *Gaulet*. Paris, boulevard du Temple, 50. Machine pour ventiler les étoffes. C.
1173 Treuils et cabestans.
1174 Mac. à soulever les fardeaux.
1175 Fabrique de roues.
1176 Machine à vapeur.
1177 Machine à vapeur.
1178 *Hermann*. Paris, r. de Charenton, 102. Machine à vapeur. C.
1179 *Carillion*. Paris, r. Neuve-Popincourt, 8. Une machine à vapeur. C.
1180 *Rouffet* fils. Paris, r. de l'Orme (Bastille), 12. Machines à vapeur. C.
1181 *Leloup*. Paris, quai Valmy, 177. Une machine à vapeur à haute pression. C.
1182 *Duval*. Paris, boulev. Beaumarchais, 57. Dalles hydrofuges contre l'humidité. C.
1183 Machine à vapeur de 8 chev.
1184 Machine à vapeur.
1185 Machine à vapeur.
1186 Machine à vapeur à balanc.
1187 Machine de 15 chevaux.

1188 Chaudières à vapeur, grue.
1189 *Gervais*. Paris, r. des Fossés-Saint-Jacques, 2. Appareils de chauffage. C.
1190 Régulateurs pour machines à vapeur.
1191 Machine à vapeur.
1192 Modèle de chemin de fer.
1193 Modèles de chemin de fer.
1194 *Marbach*. Paris, r. Contrescarpe-Saint-Antoine, 70. Robinets à pression. C.
1195 *Parizot* et comp. Paris, faubourg du Temple, 7. Robinets de sûr. p. le gaz. C.
1196 *Wissocq*. Paris, r. des Moulins, 15. Modèles de foyers pour machines à vapeur. C.
1197 *Desbordes*. Paris, r. Saint-Pierre-Popincourt, 20. Machine locomotive. C.
1198 Ventilateurs.
1199 Machine pour isoler spontanément un convoi de sa locomotive.
1200 *Sorel et Cordier*. Paris, r. de Lancry, 6, et r. des Gravilliers, 10. Divers appareils pour machines à vapeur. C.
1201 Manomètres, flotteurs.
1202 Robinet d'alimentation.
1203 Régulateur à insufflation.
1204 Machines à vapeur.
1205 Appareils contre l'explosion.
1206 Modèle d'hélice pour la navigation à la vapeur.
1207 Une mach. pour élever l'eau.
1208 *Lemaire et Chiffarat*. Paris, quai Jemmapes, 200. Soufflets hydrauliques à incendie. C.
1209 *Massue*. Paris, passage du Saumon, 59 et 61. Papier perpétuel. C.
1210 Appareil à vapeur.
1211 *Devinck*. Paris, r. Saint-Honoré, 285. Machines pour la fabricat. du chocolat. C.
1212 Machine à chocolat, presse.
1213 Chapeaux de paille.
1214 Appareil d'évaporation.
1215 *Leteumier*. Paris, r. Martignac, 5. Machine à briques. C.
1216 Machine à mouler les tuiles.
1217 Machine à fabriquer la briq.
1218 Machine à fabriquer le papier continu.
1219 *Lemaire-Daimé*. Paris, r. du Petit-Carreau, 1. Appareils propres à la confection des cigarettes. C.
1220 *Bouchon*. Paris, place Neuve-de-la-Madelaine, 12. Moulins à bras. C.
1221 Mécaniques.
1222 Cylindres en fer battu.
1223 Outils de sondage.
1224 Cric nouveau système.
1225 *Gargan*, Paris, r. Michel-Lecomte, 29. Faucheur mécanique. C.
1226 Tour et ses accessoires.
1227 Tours avec accessoires.
1228 Tours en cuivre et établis.
1229 *Joliot*, Paris, r. de la Barillerie, 15. Tours, meules marchant au pied. C.
1230 Mach. à comprimer les cuirs.
1231 Tours divers.
1232 Mach. à planer les métaux.
1233 Machines à clous d'épingles.
1234 Découp. excent. en fonte.
1235 Machines-outils, scie circulaire.
1236 Machine à raboter les moulures en bois.
1237 Machine à percer.
1238 Tour parallèle, etc.
1239 *Bainée*. Paris, r. des Boulangers, 10 *bis*. Lits en fer et cisailles pour métaux. C.
1240 *Lacarnoy*. Paris, r. de Cha-

renton, 58. Filiaires et tarauds. C.
1241 Banc à étirer.
1242 Filiaires à tarauder.
1243 Cric à double vis,
1244 *Nepveu*. Paris, r. d'Anjou, au Marais, 8. Moufles, modèle de grue. C.
1245 *Clair*. Paris, r. du Cherche-Midi, 93. Machine à vapeur, grue, roue hydraulique. C.
1246 *Montebello* (Alfred de). Paris, r. Laffitte, 17. Machine destinée à boucher les bouteilles. C.
1247 *Peltier*. Paris, r. Saint-Maur-Popincourt, 56. Carde à laine, peigneuses. C.
1248 Horloges de clocher.
1249 *Dulché*. Paris, r. du Faubourg-du-Temple, 40 bis. Machine pour battre le blé. C.
1250 *Baudat* Paris, r. Charonne, 23 Mécaniques à cylindre et à rouleaux. C.
1251 *Cart*, Paris, Charenton, 22. Mach. à scier le bois p. pl.
1252 Machine à faire les moulures.
1253 Moulins.
1254 *Stoltz et comp*. Paris, r. Coquenard, 22. Râpes, tamis, pompes rotatives. C.
1255 *Kurtz*. Paris, rue du Faubourg-Sant-Antoine, 57. Parquets en mosaïque. C.
1256 Presses à vis, etc.
1257 Mach. à fendre les peignes.
1258 *Lesage*. Paris, r. Ménilmontant, 10. Peignes à cardes. G.
1259 *Moret*. Paris, r. des Magasins, 4. Pétrisseur en fonte, pétrin pour biscuit de mer, presse à sécher les peaux. C.

1260 *Clerc*. Paris, place de l'École-de-Médecine, 6. Coutellerie. C.
1261 Tournebroches, presse à lacet.
1262 *Deshays*. Paris, r. Bleue, 2. Machines pour fabrication de bourses. C.
1263 d°. Échantillons de produits.
1264 *Decoster*, Paris, r. Stanislas, 9. Machines à filer, etc. C.
1265 *Montillier*. Paris, r. Pierre-Levée, 10 bis. Presses filières, etc. C.
1266 Cylindres cannelés.
2267 Cabestan, grue et machine hydraulique.
1268 *Stoltz* fils. Paris, r. de Bréda, 27. Machine à vapeur oscillante. C.
1269 *Desaulle* jeune. Paris, r. du Faubourg-St-Martin, 66. Machine à broyer les couleurs. C.
1270 *Contenot*. Paris, r. de la Pépinière, 8. bis. Machines en fer pour broyer. C.
1271 *Béfort*. Paris, r. des Quatre-Fils, 4. Une table en bois de rose. C.
1272 *Bellangé*. Paris, r. des Marais-Saint-Martin, 33. Guéridon, meubles-bahuts. C.
1273 Fauteuil de voyage et fauteuil à mécanique.
1274 Commode, lit, armoire.
1275 *Contamin* et Comp. Paris, r. Salle-au-Comte, 14. Tabourets, chaises rétrogrades. C.
1276 Table étagère en bois sculpté
1277 *Faure*, Paris, faubourg St-Denis, 14. Canapé, méridienne gondole.
1278 *Fischer* père et fils. Paris, impasse Guémenée, 3. Table à ornements dorés. C.
1279 *Hoefer*. Paris, boulevard

1331 *Soyer*. Paris, rue des Trois-Bornes, 28. Bronzes d'art obtenus par le cour. galv. C.
1332 Lampes, lustres et candélab.
1333 Lustres, candélabres, pend.
1334 Vases, plateaux en bronz. dor.
1335 *Eck-Durand*. Paris, rue des Trois-Bornes, 15. Bronzes d'art, statues et statuet. C.
1336 *Jacquel*. Paris, rue Richelieu, 77. Objets de fantaisie en cristal. C.
1337 Cristaux, émaux, flint-glass.
1338 Verre, cristaux, vitraux.
1339 *Bonvoisin*. Paris, rue Phelippeaux, 18. Cristaux. C.
1340 Bronzes.
1341 Surtouts de dessert, vases.
1342 *Chapelle - Maillard*. Paris, boulevard des Italiens, 19. Décors sur cristaux. C.
1343 Objets d'ornementations.
1344 *Lebrun*. Paris, quai des Orfèvres, 40. Vases et candélabres en argent. C.
1345 *Durand*. Paris, r. du Bac, 33. Service compl. d'argent. C.
1346 *Froment-Meurice*. Paris, rue Lobau, 2. Vases, service de table en argent. C.
1347 Candélabres, plats, théière.
1348 *Mourey*. Mourey, rue du Temple, 63. Lustre, grande toilette. C.
1349 *Bureau*. Paris, rue Chapon, 23. Bijouterie perfect. C.
1350 Orfèvrerie de taille.
1351 Bijouterie-orfèvrerie.
1352 Parures, broches.
1353 *Triquillier*. Paris, rue des Arcis, 18. Calice ciselé, cachet en or. C.
1354 *Moussier-Fievre*. Paris, rue des Fossés-Montmartre, 27. Objets pour le service de table. C.
1355 *Veyrat et fils*. Paris, rue de Malte, 20. Serv. de table. C.
1356 Service de thé, ornements en orfèvrerie.
1357 Néces., quelques pièces d'orf.
1358 *Rudolphi*. Paris, rue du Mail, 11. Orfèvrerie ciselée. C.
1359 Corsage en brillants.
1360 Services de table, vases, etc.
1361 Porcelaine en hygrocérame.
1362 *Leleu*. Paris, rue Richelieu, 103. Grès émaillé. C.
1363 *Desfossé frères*. Paris, rue de Bondy, 72. Porcelaine et poterie décorées. C.
1364 Laine peignée.
1365 Bois préparés.
1366 Meubles.
1367 Bougie stéarique.
1368 Soufflerie à double vent et à jeu continu.
1369 Couvert. de piqué en coton.
1370 Pressoir.
1371 Bottines, bas en mérinos.
1372 Tricot coton sans couture.
1373 Régulateur à niveau d'eau.
1374 Corbeilles en faïence.
1375 Bonnets et tricots en coton.
1376 Un métier circulaire pour la filature du coton.
1377 Tricots, jupons, camisoles.
1378 Dendromètre.
1379 Pots, marmites, coquilles.
1380 *Ropert* et comp. à Vannes (Morbihan). Pompe puisante et refoulante.
1381 Flottes soie grége, cocons.
1382 Cuir tanné.
1383 Pendule.
1384 Plats, poterie et faïence.
1385 Cuirs tannés.
1386 *Amelot*, à Lorient (Morbihan). Tricot coton sans couture. C.
1387 Brique réfractaire.
1388 Conserves alimentaires.
1389 Cuir tanné.
1390 Cuirs tannés.

1558 Bouteilles.
1559 Mouchoirs, coutils, toile.
1560 Tulles de coton.
1561 Tempes pour le tissage.
1562 Tissus et châles.
1563 Tissus de laine et coton.
1564 Tissus pour pantalons.
1565 Tissus pour robes et pant.
1566 Tissus.
1567 Tissus de coton.
1568 *Bayart* (Julien), à Roubaix (Nord). Tissus et châles. C.
1569 Tissus.
1570 Tissus de laine et coton.
1571 Tissus pour pantalons.
1572 Tissus de laine, de fil, etc.
1573 Tissus de fil, de coton, etc.
1574 Tissus de laine.
1575 Tissus de laine et coton.
1576 Tissus de laine et coton.
1577 Tissus de laine et coton.
1578 Fils de lin et d'étoupes.
1579 Cardes à laine et à coton.
1580 Tissus de lin.
1581 Linge de table.
1582 Molletons.
1583 Tissus de laine et de coton.
1584 Linge de table.
1585 *Soyer-Vasseur* et *Lefebvre-Ducatteau* (Madame veuve), Lille et Roubaix (Nord). Tissus pour gilets. C.
1586 Batistes de fil blanches.
1587 Tissus de fil de coton, etc.
1588 Toiles de lin.
1589 Toiles de lin.
1590 *Laurent* frères et sœurs, à Turcoing (Nord). Tissus pour pantalons.
1591 Impressions sur tissus.
1592 Laine filée.
1593 Ornements en fonte de fer.
1594 *Dubrulle*, à Lille (Nord). Lampe Davy, lanterne. C.
1595 Tissus pour pantalons.
1596 Fécule et glucose.
1597 *Lejeune* et comp., à Roubaix (Nord). Laine filée. C.
1598 Tissus de fil, de laine.
1599 Tissus de coton.
1600 Châles teints et frangés.
1601 Tissus.
1602 Toile de lin.
1603 Produits chimiques, etc.
1604 Tissus pour robes.
1605 Molleton.
1606 Laine cardée.
1606 Bleu d'azur.
1607 Laine filée.
1608 Coton filé.
1609 Coton et bourre de soie filés.
1610 Vernis.
1611 Toile fil et coton, cretonne.
1612 Linge de table.
1613 Instruments d'optique.
1614 *Wallet*. Paris, quai de l'Horloge, 73. Lampe de Berzelius. C.
1615 *Lebrun*. Paris, r. Grenéta, 4. Instruments d'optique. C.
1616 *Buron*. Paris, r. des Trois-Pavillons, 10. Longues-vues terrestres. C.
1617 *Goebel*. Paris, rue Michel-Lecomte, 30. Caves à liq., boîtes à châles. C.
1618 Modèles de chevaux articulés.
1619 Marqueterie, boîte à châles.
1620 Moteur électrique.
1621 Mod. de balance de précision.
1622 *Tavernier*. Paris, r. du Four-Saint-Germain, 17. Baromètres en fer, thermomètres. C.
1623 Baromètres, balances.
1624 *Leydecker*. Paris, quai des Augustins, 55. Baromètres de divers modèles. C.
1625 *Bunten*. Paris, quai Pelletier, 30. Instruments de physique. C.
1626 *Grosse*. Paris, r. du Milieu-des-Ursins, 1. Instruments de physique.

1627 Instruments d'aréométrie.
1628 Microscope achromatique.
1629 Sextants, octants, horizons.
1630 *Rouvet.* Paris, r. de Chartres, 19. Instruments de mathématiques. C.
1631 Chrono-thermomètre.
1632 Instruments de géographie.
1633 *Fichet.* Paris, r. Basse-du-Rempart, 28. Solides géométriques. C.
1634 Pantographes et diagraphe.
1635 *Richard.* Paris, rue Saint-Fiacre, 3. Machines à calculer. C.
1636 *Gravet.* Paris, r. Cassette, 14. Boussole nivellatrice. C.
1637 Miroirs paraboliques.
1638 *Roux.* Paris, r. du Grand-Prieuré, 7. Loupes-bocal-lentilles. C.
1639 *Nachet.* Paris, quai aux Fleurs, 17. Instrum. d'optique. C.
1640 Microscopes achromatiques.
1641 Instruments d'optique.
1642 *Plagniol.* Paris, r. Pastourel, 5. Photographe. C.
1643 *Beyerlé.* Paris, r. Mazarine, 48. Verres d'optique. C.
1644 Instruments d'optique.
1645 Instruments d'optique.
1646 *Picard* et *Guiraud.* Paris, r. des Trois-Bornes, 16. Métiers à tissus, châles de laine. C.
1647 *Wolfel* et *Laurent.* Paris, r. des Martyrs, 26 et 27. Pianos divers. C.
1648 *Sax* et comp. Paris, rue Neuve-Saint-Georges, 10. Clarinettes, flûtes. C.
1649 Flûtes, hautbois.
1650 Pianos carrés et droits.
1651 *Halary.* Paris, rue Mazarine, 37. Instruments de musique. C.
1652 *Brown.* Paris, r. des Fossés-du-Temple, 20. Mélophones et pianos. C.
1653 *Jaud.* Paris, r. Saint-Denis, 361. Mécanique à dévider la soie. C.
1654 *Pascal.* Paris, r. Popincourt, 69. Machines à tisser.
1655 Métiers à la Jacquart.
1656 Mécaniq. à faire les cordons.
1657 *Foucher.* Paris, rue de la Bucherie, 18. Métier à tisser les chaussons. C.
1658 Machines à lire.
1659 Métiers, rouets.
1660 Machines diverses.
1661 Châles à la Jacquart.
1662 Mécan. à broder les dessins.
1663 *Savaresse.* Paris, r. des Marais, 10. Pompe aspirante et foulante. C.
1664 Appareils congélateurs.
1665 Appareil évaporatoire.
1666 *Jullien* (veuve André). Paris, r. de l'Échiquier, 41. Appareils pour la manutention des vins. C.
1667 Appareils distillatoires.
1668 *Desmoutis, Morin* et *Chapuis.* Paris, r. Richelieu, 31, et r. Montmartre, 64. Appareils pour la concentration de l'acide sulfurique. C.
1669 Cafetières.
1670 Presse lithographique.
1671 Presses autographiques.
1672 Presses mécaniques pour l'imprimerie.
1673 Cylindres pour l'impression des tissus.
1674 *Kocher.* Paris, rue du Bouloy, 24. Presse lithographique. C.
1675 *Giroudot* fils. Paris, rue du Val-de-Grâce, 6. Presse typographique. C.
1676 Presses typographiques.
1677 Presses lithographiques.

1678 Presses autographiques.
1679 Modèle de nouvelle casse typographique.
1680 Machine à cintrer le fer.
1681 Cadres renf. des impressions.
1682 Pianos à queue, carrés.
1683 *Savaresse* fils. Paris, r. Saint-Martin, 241. Cordes harmoniques. C.
1684 *Sanguinède*. Paris, rue du Sentier, 26. Cordes de pianos en acier tr. C.
1685 Archets.
1686 *Laurencin* (madame) Paris, galerie et rotonde Colbert, 5. Accordéons. C.
1687 *Raoux*. Paris, r. Serpente, 11. Instruments de musique. C.
1688 *Labbaye*. Paris, r. du Caire, 17. Cors d'harmonie, ophyclïéde. C.
1689 Basson à clés.
1690 *Paturel-Bailly*. Paris, rue Richer, 33. Piano, pianino. C.
1691 Guitares.
1692 Piano.
1693 Pianos divers.
1694 Piano à queue, pianos droits.
1695 Pianos.
1696 *Périchon*. Paris, rue du Val-Sainte-Catherine, 17. Pianos. C.
1697 Pianos.
1698 Orgues pour églises.
1699 Quatuors composés de deux violons.
1700 Orgues.
1701 *Gaidon* jeune, rue Montmartre, 121. Pianos. C.
1702 Ophycléïdes, cors.
1703 Pianos.
1704 Pianos.
1705 *Niderreither*. Paris, faubourg Poissonnière, 109 bis. Pianos à queue, carré, droit. C.
1706 *Tagschitz* et *Wender*. Paris,

rue Saint-Martin, 199. Orgues, formes diverses. C.
1707 Pianos.
1708 *Thibout* et comp. Paris, rue des Filles-du-Calvaire, 6. Pianos. C.
1709 *Périchon* aîné. Paris, r. des Francs-Bourgeois, au Marais, 1. Pianos. C.
1710 *Cabillet*. Saint-Denis, place-d'Armes, 9. Tableau pour le facteur d'orgues. C.
1711 Pupitre, nouveau système.
1712 *Lecoëntre*. Batignolles-Monceaux, rue de l'Église, 16. Instrument nautique. C.
1713 Instr. pour les dessinateurs.
1714 *Neuber*. Paris, r. Sainte-Avoye, 14. Machine. C.
1715 *Poitrat*. Paris, r. Croix-des-Petits-Champs, 55. Appareils mécaniques pour l'exécution des calculs. C.
1716 *Roth*. Paris, boulevard des Capucines. Machine à addition et soustraction. C.
1717 Diagraphe, pantographe.
1718 Balances de précision.
1719 *Reymondon-Martin* Passage Bafour, 15. Instruments de précision. C.
1720 *Hamann* et *Hempel*. Paris, place Dauphine, 11. Compas à ellipse, cadran sol. C.
1721 Compteurs à gaz, gazomètres.
1722 *Loiseau*. Paris, quai de l'Horloge-du-Parais, 75. Machine pneumatique. C.
1723 *Vande et Jeanrag*, Paris, rue des Guillemites, 2. Règles et équerres en acier.
1724 *Bauerkeller* et comp. Paris, r. Saint-Denis, passage Lemoine. Gauffrages en couleur sur papiers. C.
1725 Cadran perpétuel.
1726 Globes terrestres.

1727 Formes topographiques.
1728 Billard en ébène.
1729 *Bouhardet*. Paris, r. de Bondy, 66. Billards. C.
1730 Billard.
1731 *Martinet*. Paris, r. du Grand-Hurleur, 4. Queues de billards, marques. C.
1732 *Morenas*. Paris, r. du Petit-Thouars, 22. Billard. C.
1733 Billard.
1734 Billards en fer fondu.
1735 Moulures guillochées et unies
1736 *Savary*. Paris, r. Mazarine, 40. Cadres en bois verni. C.
1737 Parquets, portes, etc.
1738 *Linsler*. Paris, rue Neuve-Chabrol, 17. Parquets. C.
1739 *Maria*. Paris, r. du Faubourg-Saint-Antoine, 58. Moulures, couvertures en cuivre. C.
1740 Morceaux de bois d'acajou.
1741 Chaîne décamètre.
1742 *Parent*. Paris, r. des Arcis, 33. Balances, poids en laiton.
1743 *Bertrand* fils. Paris, r. Saint-Jacques, 286. Une équerre-tarif pour mesurer.
1744 Calibres décimaux.
1745 Pianos de différentes formes.
1746 *Herz* (Jacques). Paris, r. de la Paix, 7. Pian. droits. C.
1747 Pianos à queue, carré.
1748 Pianos à queue grand format.
1749 *Erard*. Paris, r. du Mail, 13 et 21. Pianos, harpes et orgues
1750 Fusil de chasse.
1751 Chapeaux de soie.
1752 Meules à moulin.
1753 Meules à moulin.
1754 *Naylies* et comp., à Laferté-sous-Jouarre. Meules à moulin. C.
1755 Services de table, toilette.
1756 Orgues à percussion.
1757 Fontaines à thé bronzées.

1758 Perles dorées.
1759 *Bourdeau*, à Gouvieux (Oise). Cotons filés. C.
1760 Laines filées.
1761 Etoffes de soie.
1762 Canevas, toile à bluter.
1763 Tapis.
1764 Soies, tissus de soie, etc.
1765 Cuirs et peaux.
1766 Sécateurs et instruments.
1767 Pavés de grès, etc.
1768 Papiers et cartons.
1769 Socques en cuir et en bois.
1770 Poteries de grès, cruches.
1771 Colliers de chevaux.
1772 *Du Tremblay*, à Rubelles (Seine-et-Marne). Carrelage, cheminées, etc.
1773 Draps de diff. couleurs.
1774 Drap bleu lisse, etc.
1775 Frocs,
1776 Molletons bronze.
1777 Peaux de veaux.
1778 Peaux de veau tannées.
1779 Blanc d'argent, céruse, etc.
1780 Sulfate de fer.
1781 Tuyaux, gouttières, pavés.
1782 Balance-bascule portative.
1783 Templon pour tendre.
1784 Peignes à tisser, etc.
1785 Machine pour fabr. les eaux gazeuses.
1786 Fusil de sûreté à percussion.
1787 Cotons filés.
1788 Lin teillé.
1789 Articles de bonneterie.
1790 Articles de bonneterie.
1791 *Langlois* (Frédéric) et comp., à Isigny (Calvados). Articles en porcelaine dure. C.
1792 Articles de bonneterie.
1793 Châles angora et mitons, etc.
1794 Linges de table.
1795 Voilette et volant en dentelle,
1796 Blondes et dentelles.
1797 *Violard*, à Courseuilles (Cal-

vados). Voiles, mantelets, écharpes. C.
1798 Tulles brodés, blondes, etc.
1799 Dentelles de fil et blondes.
1800 Blondes et dentelles.
1801 Tulles brodés.
1802 Système de tonnellerie.
1803 Velours pour meubles.
1804 Velours d'Utrecht.
1805 *Barbaza* et comp., à Belloy-sur-Somme (Somme). Tapis, moquettes. C.
1806 Fils de lin et de chanvre.
1807 Laines, châles, etc.
1808 Nouveautés en laine.
1809 Étoffes de laine, etc.
1810 Drap caoutchouc, etc.
1811 Velours de coton.
1812 Velours de coton.
1813 Papiers divers.
1814 Charrue, semoir.
1815 Charrue à trois socs.
1816 *Debaussaux* fils, à Amiens (Somme). Pompe à incendie avec ses agrès.
1817 Cylindres cannelés, etc.
1818 Serrure.
1819 Serrure, cadenas.
1820 Linge de table.
1821 Bas, cravates, gilets.
1822 Binoteur-extirpateur.
1823 Velours de coton.
1824 Bas, bonneterie.
1825 Bas, gilets de flanelle, etc.
1826 *Dufau* et *Dupontrué*. Belloy-sur-Somme. Velours d'Utrecht. C.
1827 Un semoir mécanique.
1828 Machine à essayer les bout.
1829 Machine à opérer, etc.
1830 Bas de laine.
1831 Flanelles en tous genres.
1832 Enveloppes de bouteilles.
1833 Machine de force.
1834 Modèle de wagon.
1835 Pastilles, dragées, etc.
1836 Livre d'Évangiles.

1837 Vermicelle.
1838 Fils peignés, sans peignage.
1839 Bougie stéarique.
1840 Bougies stéariques.
1841 Produits chimiques.
1842 Flanelles.
1843 Fils peignés et cardés.
1844 Mérinos.
1845 Laines filées.
1846 Mérinos.
1847 Laine peignée et laine card.
1848 Moulin concasseur.
1849 Étoffes pour gilets et pant.
1850 Laine peignée et filée, tissus.
1851 Laine peignée.
1852 Flanelles, mérinos.
1853 Fils de laine doubles.
1854 Étoffes pour gilets.
1855 Étoffes pour gilets.
1856 Étoffes pour pantalons.
1857 Étoffes pour gilets.
1858 Salicine, hydrure de salicyle.
1859 Pompe aspirante et foulante.
1860 Fusil de chasse à deux coups.
1861 Étoffes pour gilets et pant.
1862 Tissus de laine.
1863 Fils de laine à la main.
1864 *Laprevotte*. Paris, r. Neuve-des-Petits-Champs, 79. Violons, altos, basses. C.
1865 *Girard* et comp. Paris, rue Saint-Maur-Saint-Germ. 17. Orgue d'Église. C.
1866 Piano.
1867 Piano.
1868 Piano.
1869 Pianos.
1870 Pianos.
1871 Piano.
1872 *Néraudeau*. Paris, rue des Fossés-Montmartre, 16 et 18. Registres. C
1873 Feuilles de papier opaque.
1874 Décorations en papiers p.
1875 *Marion*. Paris, cité Bergère, 11. Papiers divers.

1876 *Laigre*. Paris, faubourg Saint-Denis, 71. Orgues. C.
1877 Orgues d'église.
1878 Piano.
1779 Piano.
1880 *Fremy*. Paris, rue Beautreil-lis, 21. Papiers. C.
1881 *Martin* frères. Paris, rue du Petit-Carreau, 23. Clari-nettes, flûtes, haut bois.
1882 Piano.
1883 Encriers siphoïdes.
1884 *Renault*. Paris, r. de la Harpe, 45. Cartes à jouer. C.
1885 *Mallat*. Paris, rue Neuve-Saint-François. Plumes à pointe de rubis.
1886 Mécaniq. pour replacer la lit.
1887 *Saglier*. Paris, r. Montmar-tre, 119. Encriers filtre, et à gravitation. C.
1888 Registres.
1889 *Dorville*. Paris, r. des Fossés-Montmartre, 6. Articles de papeterie. C.
1890 Papiers, divers formats.
1891 Papiers de fantaisie.
1892 *Gaud-Bovy*. Paris, r. Notre-Dame de-Recouvrance, 19. Appareils autographiques à copier. C.
1893 Cires à cacheter.
1894 Registres.
1895 Papiers de fantaisie.
1896 *Herbin*. Paris, r. Michel-le-Comte, 21. Cire et pains à cacheter.
1897 Encriers pompe.
1898 Crayons de mine de plomb.
1899 Papiers illustrés.
1900 Spécimen de calligraphie.
1901 Mors.
1902 Vitrail peint représ. la Cène.
1903 Système d'échap. pour les montres.
1904 Chenet.
1905 ... pareils.

1906 Cuirs.
1907 Cuirs.
1908 Pressoir mécanique.
1909 Serrure à double pène.
1910 Soc.
1911 Cuirs.
1912 Piano.
1913 Machine.
1914 *Bertou*. Paris, r. Jean-Jac-ques-Rousseau. Papiers à lettres. C.
1915 *Durand*. Paris, r. de Charen-ton, 111 *bis*. Panneaux de papier imitant le bois. C.
1916 *Angrand*. Paris, r. Meslay, 59 et 61. Papiers peints. C.
1917 Épreuves typographiques.
1918 *Lefranc* frères. Paris, r. du Four-Saint-Germain, 23. Carmin, laques, couleurs en poudre.
1919 Brosses en pin. pour peint.
1920 Couleurs fines.
1921 *Trouillon*. Paris, r. Neuve-Saint-Eustache, 29, Grav. nettoyées et restaurées. C.
1922 *Briard*. Paris. r. du Cloître-Saint-Jacques, 2. Cou-leurs, rouge végétal. C.
1923 Couleurs en poudres, en écaille, etc.
1924 *Poortman*. Paris, r. de la Harpe, 102. Modèle, à ar-ticulations. C.
1925 *Lundy*. Paris, r. Thorigny, 12. Titre pour un ouvra-ge. C.
1926 Vermillon français.
1927 *Colson* (A). Paris, r. du Dra-gon, 3 et 5. Toiles pour la peinture. C.
1928 *Garde*. Paris, r. St-Martin, 175. Brosses et pinceaux. C.
1929 Coul. toiles à peindre.
1930 Couleurs fines.
1931 *Foucault*. Paris, r. de Cha-renton, 38. Machine à écri-

re à l'usag. des aveugles. C.
1932 Bustes mécaniques.
1933 *Richard*. Paris, r. Planche-Mibray, 6. Couleurs en tablettes. C.
1934 Rouge végétal, etc.
1935 Pains à cacheter, gélatine.
1936 *Panier et Paillard*. Paris, r. Vieille - du - Temple , 75. Couleurs fines, pastels et crayons. C.
1937 Dessins pour papiers peints.
1938 *Marguerie*. Paris, r. Ménilmontant , 79. Papiers peints. C.
1939 Brosses et pinceaux.
1940 Couleurs en tablettes.
1941 Couleurs pour peinture fine.
1942 *Doré* et comp. Paris, r. du Faubourg - Poissonnière, 113. Encres d'imprim. C.
1943 Extraits des bois de teinture.
1944 Papiers marbrés.
1945 *Martin*. Paris, r. des Francs-Bourgeois-St-Marcel, 11. Laque de garance dite de Rome. C.
1946 *Pesquet*. Paris, place Baudoyer. 7. Rouge à polir pour l'horlogerie. C.
1947 Papiers peints.
1948 *Knab*. Paris, r. de Vendôme, 11 *ter*. Papiers peints. C.
1949 Registres, etc.
1950 *Arnoux*. Belleville, r. de Paris, 21. Rouge français pour polir. C.
1951 Papiers peints.
1952 Papiers peints et panneaux.
1953 Panneaux de papiers peints.
1954 Devants de cheminées.
1955 *Delaruelle Ledanseur*. Paris, cité Boufflers, 21. Crayons, pastels et couleurs. C.
1956 Papiers de décors.
1957 Papiers peints.
1958 Papiers peints, etc.

1959 Papiers peints, etc.
1960 Papiers peints.
1961 Couleurs fines.
1962 Brosses et pinceaux.
1963 Brosses et pinceaux.
1964 Papiers et toiles cirées.
1965 Cires à cacheter.
1966 Papiers de fantaisie.
1967 Livres imprimés.
1968 Tableaux de typographie.
1969 Clichés pour imprimerie.
1970 *Pelletier*. Paris, r. Royale-Saint-Martin, 17. Assortiment de timbres. C.
1971 *Delcambre*. Paris, r. du Faubourg - Poissonnière , 5. Machine compositeur typographique. C.
1972 Volumes et tableaux typographiques.
1973 *Biesta, Luboulaye* et comp^e, Paris, r. Madame , 22. Épreuves de caractères d'imprimerie. C.
1974 Clavier compositeur.
1975 Caractères de typographie. C.
1976 Impressions de gravures.
1977 Caractères de musique.
1978 Tableaux de caract. d'impr.
1979 Caractères d'imprimerie.
1980 *Lœulliet*. Paris, r. Poupée-St-André , 7. Caractères typographiques. C.
1981 Épreuves typographiques.
1982 *Curmer* (Alphonse-Alexandre). Paris, r. St-Germain-des-Prés, 10 *bis*. Impression, gravures, etc. C.
1983 *Bedoin*. Paris, r. d'Arcole, 9. Percalines gauffrées. C.
1984 Caractères et vignettes.
1985 Épreuves de vignettes.
1986 *Duhault* et *Renault*. Paris, r. Vaugirard, 59. Caractères et formes typogr. C.
1987 Rouleaux typographiques.
1988 *Besom.*. Paris, r. Saint-An-

2058 Soies dévidées et retordues.
2059 Parquets.
2060 *Michel Connerat.* Paris, r. Grenéta, 28. Parapluies, ombrelles. C.
2061 Fleurs artificielles.
2062 Lutrin en bois sculpté.
2063 Presses à faire les pâtes d'Ital.
2064 Portes fer. à serrures de sûr.
2065 *Huguin, Domange* et comp. Paris, boulevard Saint-Martin, 14. Vidanges inodores. C.
2066 Couleurs, carmin d'indigo.
2067 Méd. repr. par l'électrochim.
2068 Dentelles et imitat. sur tulle.
2069 Savons, grandes conserves.
2070 Chaussons, lacets.
2071 Balance.
2072 *Mainfroy.* Paris, rue du Faubourg - Saint - Martin, 70. Application de la gomme laque. C.
2073 *Cordier.* Paris, cité d'Orléans, 3 boulevard Saint-Denis. Vases pour liquides gazeux. C.
2074 Ouates.
2075 Divan à simple et doub. lit.
2076 *Simier.* Paris, r. St-Honoré, 152. Reliures. C.
2077 *Simon.* Paris, r. Bourg-Labbé, 22. Objets en écaille. C.
2078 Mousquetons de guerre.
2079 Coton filé, mèches nattées.
2080 *Bourdeloy de Bourdan.* Paris, rue Grange-aux-belles, 1 bis. Dessins industriels. C.
2081 Livres.
2082 *Bourdin.* Paris, r. de la Paix, 24. Montres, pendules de voyage. C.
2083 *Bourdon.* Paris, r. du Faubourg-du-Temple, 74. Machines hydrauliques. C.
2084 Fonds de lits élastiques.
2085 *Coutant.* Paris, r. Jean-Beau-

sire. Fauteuils mécaniques. C.
2086 Cirage galvano-chimique.
2087 Vernis blanc et de couleur.
2088 *Bourguignon* fils. Paris, r. de la Paix, 1. Imitation de pierres fines. C.
2089 Châles.
2090 Bronzes et objets d'art.
2091 Savons et parfumeries.
2092 *Année.* Paris, r. Chapon, 18. Objets de marquetterie. C.
2093 Huile épurée.
2094 *Antoine.* A la Villette, quai de Seine, 33. Dessication des bois. C.
2095 *Strohmaière.* Paris, passage Brady. Voitures d'enf. C.
2096 *Armengaud* aîné. Paris, r. du Pont-Louis-Philippe, 13. Dessins de moul. à blé. C.
2097 *Arnhetter.* Paris, r. Childebert, 13. Instruments d'horticulture. C.
2098 Châle cachemire.
2099 Sacs chirurgicaux.
2100 *Corlieu.* Paris, quai du Marché-Neuf, 24. Bain-marie à infusion. C.
2101 *Cornillard.* Paris, r. de la Croix-Saint-Martin, 15. Feuilles d'étain. C.
2102 Sacs d'ambulance.
2103 Tourne-broches.
2104 Polissage des plaques de daguerréotype. C.
2105 *Boursier.* Paris, r. des Vieux-Augustins, 40. Pendules et horloges de cabinet. C.
2106 *Creda.* Paris, r. des Fontaines. 10. Articles divers en toiles métalliques. C.
2107 Châles de diverses grandeurs.
2108 *Crousse.* Paris, r. St-Denis, 345. Fleurs artificielles. C.
2109 *Crousse.* Paris, r. Saint-De-

2156 Nouvel extracteur.
2157 *Couput*. Paris, rue Sainte-Croix-de-la-Bretonnerie, 9. Divers produits chimiques. C.
2158 *Courcelle*. Paris, r. Beaubourg, 44. Lustres en bronze et en cristal. C.
2159 Presses de fleuriste.
2160 Tuiles, faîtières briques.
2161 *Galibert*. Paris, r. Jean-Jacques-Rousseau, 20. Instruments en caoutchouc. C.
2162 *Gallet* (V°). Paris, r. de la Grande-Truanderie, 50. Pièces de physique amusante. C.
2163 *Gallois*. Paris, r. Saint-Martin, 114. Cannes, fouets, cravaches. C.
2164 Cloches de toute dimension.
2165 *Boucher*. Paris, r. de Mulhouse, 8. Dessin pour ameublement. C.
2166 *Boucher*. Paris, r. Grange-aux-Belles, 21. Fil de fer, élastiques et boucles. C.
2167 Coffres-forts, lits en fer.
2168 Calorifère pour brûler l'anthracite.
2169 *Martel*. Paris, r. Thiroux, 3. Une jalousie. C.
2170 Outils et assiettes pour doreurs.
2171 *Hughes*. Paris, r. de Charenton, 11 bis. Panneaux peints. C.
2172 *Brunnarius, Boillot* et comp. Paris, petite rue Saint-Pierre-Amelot, 2 *ter*. Bougies cérophanes. C.
2173 *Molteni* et comp. Paris. Niveaux, boussolles, équerres. C.
2174 *Ruhmkorff*. Paris, r. des Orfèvres, 6. Appareils pour physique. C.

2175 *Junot* (Hippolyte) et comp. Paris, rue Neuve-Saint-Eustache, 6. Châles longs et carrés. C.
2176 Meubles en ébène à marqueterie.
2177 *Aubert* et Comp. Paris, faubourg Saint-Antoine, 145. Sabots. C.
2178 *Aubert et Noël*. Paris, r. Richelieu, 65. Fruits à l'eau-de-vie, liqueurs. C.
2179 Dessins pour meubles et étoff.
2180 *Audenelle*. Paris, r. Geoffroy-Lasnier, 28. Ressorts atmosphériques. C.
2181 Thermosiphon mobile.
2182 Supports mécaniques.
2183 Cercle mural.
2184 Service de table.
2185 *Gandillot* et comp. Paris, rue Bellefond, 32. Tuyaux en fer. C.
2186 Modèle de coupe de pierres.
2187 Céruse en pains, en poudre.
2188 *Amiard*. Paris, r. du Jardin-du-Roi, 19 et 21. Harnais et colliers. C.
2189 *Amoros*. Paris, r. Jean-Goujon, 6. Modèle de fabrique à couvert. C.
2190 Cirages, cuirs et chaussures.
2191 *Garcin*. Paris, r. de la Saunerie, 7. Balances d'essai. C.
2192 Moutarde.
2193 Tabatières, porte-cartes.
2194 Statues et bustes en plâtre.
2195 Porcelaines, service de table.
2196 Miroir sculpté, chambranle, lampe.
2197 Feuilles de cuivre et de zinc.
2198 *Quentin-Durand*. Paris, r. du Faubourg-St-Denis, 189. Instr. d'agriculture. C.
2199 Horlogerie de précision.
2200 Marbres factices.
2201 Cartonnage.

2202 *Devicque* et comp. Paris , r. Martignac , 12. Echantillons de payage en bois. C.

2203 Bijouterie dorée , bronzes dorés.

2204 *Gozola.* Paris, r. de la Bucherie, 14. Ecran.

2205 *Guillard.* Paris , passage Vivienne , 2, et rue Neuve-des Petits-Champs, 14. Escamoteur automate.

2206 Statues et statuettes d'église.

2207 *Ober Müller* (Guillaume). Paris, r. des Postes, 54. Cartes géograph. en relief. C.

2208 Chocolats.

2209 *Guillemot* frères. Paris, rue Neuve-des-Mathurins, 88. Échantillons de passementerie. C.

2210 *Guillemette.* Paris, boulevard Bonne-Nouvelle, 12. Acétate de morphine. C.

2211 *Guillier.* Paris, r. Montmartre, 130. Savons, encre à marquer. C.

2212 *Guinand.* Paris , r. Mouffetard, 283. Disques en flint et crown-glass. C.

2213 *Guinier.* Paris, r. de Grenelle-Saint-Ponoré, 35. Gardes-robes, siéges, cuvettes. C.

2214 Flacons , bouteilles à champagne.

2215 Pendants d'oreilles variés.

2216 *Hallberg.* Paris , r. Neuve-Bourg-Labbé, 8. Perles et articles confectionnés. C.

2217 Stores et écrans.

2218 *Hardouin.* Paris, r. de Bréda, 24. Autel, style gothique. C.

2219 Modèle de vaisseau.

2220 Cheminée en velours , pendule.

2221 Sucre moalé.

2222 *Harmois* frères. Paris, r. Marivaux-des-Lombards, 4 et 6. Tuyaux à incendie en cuir. C.

2223 *Hattat.* Paris , r. Richelieu, 81. Stores transparents. C.

2224 Garde-robes.

2225 Persiennes, peigne pour filature.

2226 Pendule et chevaux de bronze.

2227 *Hébert.* Paris, r. du Mail, 13. Châles. C.

2228 *Ledru* (Hector) et comp. Paris , r. d'Angoulême-du-Temple, 40. Ustensiles en fer galvanisé. C.

2229 *Hédouin.* Paris, quai Pelletier, 8. Bateaux, pirogue et canot. C.

2230 *Hédouin.* Paris, r. Saint-Merry, 9. Acides borique, acétique. C.

2231 *Helbronner.* Paris , r. Castiglione, 2. Tapisseries, broderies. C.

2232 Un couvre-pied au crochet.

2233 Bureau en ébène.

2234 Gazes pour diviser les farines.

2235 *Hennequin.* Paris, r. Michel-le-Comte, 30. Boîtes à bijoux, à argenterie. C.

2236 Montres marines et autres.

2237 *Henry* aîné. Paris, r. Poissonnière, 13. Étoffes pour ameublements. C.

2238 Dessins d'étoffes et tapis.

2239 *Henry* aîné. Paris, r. Poissonnière, 13. Lits en fer étagés. C.

2240 *Herbommez.* Batignolles, r. du Boulevard, 11. Garde-feu à cylindre. C.

2241 *Gon.* Paris, rue Vivienne, 18. Écharpe en martre zibeline. C

2242 Monument, statues, figures.

2243 *Gosse.* Paris, r. Neuve-des-Mathurins, 49. Fusils de chasse. C

2244 *Gosse.* Paris, r. Jean-Jacques Rousseau, 16. Étiquettes vitrifiées sur verre. C

2245 *Gossin.* Paris, r. de la Roquette, 57. Sculptures en terre cuite. C.

2246 Châles, façon cachemire.

2247 *Goutmâker.* Paris, r. Dupetit-Thouars, 22. Régulateur et échelles à incendie. C.

2248 *Goyon.* Paris, cité d'Antin, 6. Pâtes et vernis pour meubles. C.

2249 *Grangoir.* Paris, r. de Cléry, 80. Serrurerie de précision. C.

2250 *Gras.* Paris, r. de Cléry, 19. Impressions sur étoffes. C.

2251 Appareils de chauffage.

2252 Perles fausses.

2253 Fourneaux mécaniques.

2254 Horloges de clocher, etc.

2255 Lustres, surtouts, pendules.

2256 Machine à calquer les dessins.

2257 Lames plaquées, cuiv. et arg.

2258 Mèches à quinquets.

2259 *Grolleau* et *Deville.* Paris, r. du Sentier, 9. Mousseline-laine, barèges. C.

2260 *Grondard* frères. Paris, r. Jean-Robert, 17. Objets en cuivre et moulures. C.

2261 Mousselines-laines et satin.

2262 Instruments de chirurgie.

2263 Pâtes et farines alimentaires.

2264 Fourneau de cuisine.

2265 *Gruel.* Paris, rue Royale-Saint-Honoré, 8. Réliures en velours. C.

2266 Brosses pour les chevaux.

2267 *Guenaut.* Paris, r. de la Roquette, 31. Poterie pour jardins. C.

2268 Porte-bourrelets mobile.

2269 *Guérin.* Paris, passage Brady, 42. Voitures d'enfants. C.

2270 Chocolats.

2271 Tissus en caoutchouc.

2272 *Guglielmi,* dit Guillaume. Paris, passage de la Trinité, 15 et 16. Poêles, calorifères. C.

2273 *Guibout.* Paris, r. St-Denis, 121. Épaulettes mécan. C.

2274 Impres. en coul. sur peaux.

2275 *Guichard.* Paris, rue des Jeûneurs, 9. Dessins pour papiers peints. C.

2276 Livres, fac-simile de manusc.

2277 Piano.

2278 Colliers pour chevaux.

2279 Peaux de vaches et de veaux.

2280 *Herr.* Paris, r. Saint-Denis, 261 et 263. Gants. C.

2281 Chapeaux divers.

2282 Dents minérales.

2283 Cuirs, peaux et feutres vern.

2284 *Heuzey* et *Marcel.* Paris, r. des Fossés-Montmartre, 16. Châles cachemires. C.

2285 *Hildebrand.* Paris, rue Saint-Martin, 202. Cloches, sonnettes et timbres. C.

2286 *Godillot* père et fils. Paris, r. Saint-Denis, 278. Articles de campement. C.

2287 *Godon.* Paris, r. Folie-Méricourt, 26. Dessins pour ameublement. C.

2288 *Gombert* fils. Paris, rue de Vaugirard, 77. Mèches nattées pour bougies. C.

2289 Coton à coudre, coton à brod.

2290 *Houdaille.* Paris, r. Saint-Martin, 171. Garnitures de livres religieux. C.

2291 Régulateur, montres et pendules.

2292 Cuirs et peaux vernis.

2293 *Houllier-Blanchard.* Paris, r.

lle Cléry, 36. Fusils de chasse et pistolets. C.

2294 Meubles, pend., objets d'art.

2295 *Hovelacque* frères, Paris, r. de Chabrol, 55. Pièces de toiles vernies. C.

2296 *Hoyos*, Paris, r. Saint-Honoré, 241. Fourneaux en fer, tôle, fonte et cuivre. C.

2297 Dessins pour étoffes.

2298 *Hue*, Paris, faubourg Saint-Martin, 61. Serrure à secret. C.

2299 Étoffes imprimées.

2300 Laques extraites de la garan[ce].

2301 Batistes imprimées.

2302 Canons de fusils.

2303 Châles et étoffes imprimées.

2304 Impressions sur étoffes.

2305 Châles cachemires, écharpes.

2306 *Gérard* (D...) Paris, r. Saint-Honoré, 333. Objets divers de tapisserie. C.

2307 *Gérard*, Paris, r. Saint-Antoine, 195. Établi avec outils. C.

2308 Châles, tissus et fichus.

2309 *Germinet* et Comp., r. Saint-Denis, 189 et 191. Echantillons de coutellerie. C.

2310 *Geslin*, Paris, r. Basse-du-Rempart, 26. Lits en fer pour voyage. C.

2311 V<sup>e</sup> *Gevelot*, Paris, r. Notre-Dame-des-Victoires, 24. Amorces dites capsules G.

2312 Cannes-parapluies.

2313 *Gibus* aîné, Paris, r. Vivienne. Chap. mécan. C.

2314 Gibernes.

2315 *Gillebert*, Paris, r. Folie-Méricourt, 38. Bronze en poudre. C.

2316 *Gilliard* et *Gros*, Paris, passage Dauphine, 22. Lettres en relief en zinc laminé. C.

2317 *Gillet*, Paris, r. de Charenton, 41 et 43. Rasoirs. C.

2318 Fils cachem., fils de laine.

2319 Émaux.

2320 *Girard*, Paris, r. des Lombards, 28. Pharmacies portatives. C.

2321 Machines diverses.

2322 *Girard*, Paris, r. Saint-Martin, 84 et 86. Boîtes de mathématiques. C.

2323 *Girault*, Paris, galerie Vivienne, 31. Épreuves de gravure. C.

2324 *Girard*, Paris, r. Saint-Martin, 254. Stores. C.

2325 Malles, sacs de nuit, etc.

2326 Tourteau de graisse de bal.

2327 Pois, haricots, lentilles, fèves.

2328 Cristaux variés.

2329 Lits, tables de nuit.

2330 *Maigne* fils, Paris, r. de la Roquette, 113. Soufflets de cheminée et balais. C.

2331 Savons, pommades, bandages.

2332 Vase de fleurs artificielles.

2333 Chapeaux de feutre.

2334 Pièces de draps, étoffes lég.

2335 Guide-longe et colliers.

2336 Table, psyché, nécessaire.

2337 *Mullet* et Comp., à la Villette, r. de Marseille, 7. Sulfate d'ammoniaque. C.

2338 *Mangin*, Galerie de Valois, 106. Cannes, ombrelles, parapluies. C.

2339 Charrue, herse à train.

2340 *Mantois* (Mme), Paris, r. du Pot-de-Fer-Saint-Sulpice, 14. Dessins anatomiques coloriés G.

2341 Appareils pour cheminées.

2342 *Marcelin*, Paris, petite rue de Reuilly, 3. Parquets en marqueterie. C.

2343 Billards.
2344 *Maréchal.* Paris, r. de la Tâ-
cherie, 6. Bouquets, bro-
ches. C.
2345 Dentelles et blondes.
2346 *Marion-Bourguignon.* Paris,
passage de l'Opéra, gale-
rie de l'Horloge, 19. Pierres blanches et de coul. C.
2347 Cravaches en nerf filé.
2348 *Marmuse.* Paris, rue du Bac,
28. Couteaux, ciseaux,
greffoir. C.
2349 Lustres en bronze et cristal.
2350 Balance bascule.
2351 Ornements en cuivre estamp.
2352 Chanvre imperméable.
2353 Épreuves lithographiques.
2354 *Martin.* Paris, r. St-Fiacre,
20. Dessins pour impres-
sions d'étoffes. C.
2355 *Martin.* Paris, r. des Fossés-
Montmartre, 8. Perruques
et toupets. C.
2356 *Martin.* Paris, rue Phelippeaux, 36. Fusils s'amor-
çant seuls. C.
2357 Amidons et macaronis.
2358 *Martin.* Paris, r. Neuve-St-
Nicolas, 12 *bis.* Meubles
avec ornements en cuir. C.
2359 *Martin* jeune. Paris, r. Grénetat, 32. Savon liquide
inaltérable. C.
2360 Peaux de veaux.
2361 *Masson.* Paris, r. des Vieux-
Augustins, 18. Cires di-
verses à cacheter. C.
2362 *Masson.* Paris, galerie de Valois, 7, Palais-Royal. Imitations de diamants. C.
2363 Pompes et garde-robes.
2364 *Massue.* Paris, r. Aumaire, 3
et 5. Peignes en ivoire et
en buis. C.
2365 Librairie scientif. industr.
366 Lampes diverses.

3367 Instrument pour dessiner.
2368 *Mauduit* (Mme). Paris, r. Neu-
ve-Saint-Nicolas, 32, faub.
Saint-Martin. Mannequins
à l'usage desartistes. C.
2369 *Mauge.* Paris, r. Bailly, 8,
cour Saint-Martin. Cirage
oléagineux en pâte. C.
2370 Savons divers.
2371 Colonnes en bois de sapin.
2372 Divers produits chimiques.
2373 *Mayer.* Paris, r. Vivienne, 20,
Pièces de table en orfèvre-
rie. C.
2374 *Mayer* et Comp. Paris, r. des
Marais-St-Martin, 50 *bis.*
Pots chinois, étrusques. C.
2375 *Mayet.* Paris, place Maubert,
1. Rasoirs à dos mobile. C.
2376 Huiles inoxidables.
2377 *Medinger.* Paris. r. Saint-Do-
minique, 19. Bateaux mé-
caniques. C.
2378 Produits tinctoriaux.
2379 *Mellier.* Paris, r. de Bondy,
76. Cuirs et peaux cor-
royés. C.
2380 *Melzessard.* Paris, r. Ménilmontant, 35 *bis.* Ferme-
tures de boutiques. C.
2381 Chocolats.
2382 Produits pharmaceutiques.
2383 *Méquignon-Marvis.* Paris, r.
de l'École-de-Médecine, 3.
Statuettes d'écorchés. C.
2384 Savon hydrofuge.
2385 Parapluies, ombrelles.
2386 Outils pour selliers, bot-
tiers.
2387 *Méric* frères. Paris, r. Richer, 14. Machine rotative
pour vendanges. C.
2388 *Mériet.* Paris, r. Saint-Marc,
31. Coffre-fort. C.
2389 Modèle de locomotive.
2390 Stores, cartonnages fins.
2391 *Messier-Amavet* et *Piver.* Pa-

ris, r. Saint-Martin , 103. Savons de toilette. C.

2392. *Metfrederque*. Paris, r. de la Pépinière, 23. Vases, corbeilles en fonte. C.

2393 *Meyer*. Paris , r. Saint-Benoît, 7. Épreuves d'impression, etc. C.

2394 Étoffes imperméables.

395 *Meynial*. Paris, rue de l'Arbre Sec , 50. Appareils culinaires, fourneaux. C.

2396 Matière colorante.

2397 Taffetas, rouge végétal et sachets.

2398 *Michel*. Paris, quai de l'Horloge, 47. Plaques pour le daguerréotype.

2399 *Michelet*. Paris, r. de Sèvres, 159. Dotons à coudre et à broder. C.

2400 Cuirs et toiles vernis.

2401 Tréfilerie, tubes, cordes de musique.

2402 Peignes divers.

2403 *Millet*. Paris, r. Croix-des-Petits-Champs, 20. Décorations, ordres de tous les pays. C.

2404 *Millochau*. Paris, Chaussée-du-Maine , 42 (*extra muros*). Huile pour l'horlogerie. C.

2405 *Klein*. Paris, faubourg Saint-Antoine, 110. Table, lit, bureau en acajou.

2406 Étoffes pour meubles.

2407 Acide stéarique, bougies.

2408 *Milori*. Paris, r. Barre-du-Bec, 4. Couleurs. C.

2409 Cheminées, fourneaux.

2410 Moulures guillochées unies et droites.

2411 *Mirabal*. (G. et *Marceau*. Paris, r. Fontaine-au-Roi, 39. Couleurs. C.

2412 Guéridon, tables en lave artificielle.

2413 *Raphanel* et *Monmory*. Paris, r. Neuve-Saint-Merry, 9. Siccatif brillant. C.

2414 *Mojon*. Paris, boulevard St-Martin, 33. Bracelets, boucles d'oreilles. C.

2415 *Moisson*. Paris, r. de la Vieille-Monnaie, 21. Savonnière-Moison. C.

2416 Engrais per-azoté concentré.

2417 Serrures et verrous en cuivre et en fer.

2418 Outils.

3419 Dessins de machines.

2420 *Monpelas*. Paris, r. St-Martin, 129. Savons divers. C.

2421 Tissus en toile métallique.

2422 *Montandon* frères. Paris , r. François-Miron , 8. Ressorts d'horlogerie. C.

2423 Filets pour la pêche.

2424 *Montfort*. Paris, r. de l'Université, 108. Vernis, cirage pour équipage. C.

2425 *Mora*. Paris, r. Bourg-l'Abbé, 9. Pendules en bronze estampé. C.

2426 *Mora*. Paris, r. de Choiseul, 8 *bis*. Dessins pour dorure sur bois. C.

2427 *Morand*. Paris, r. aux Ours, 23. Sacs de nuit, cabas. C.

2428 *Moreau*. Paris, r. dn Petit-Lion-Saint-Sauveur , 13. Pendule, cadre. C.

2429 *Morin*. Paris, r. Saint-Martin, 29. Appareils de daguerréotype. C.

2430 Gants divers.

2431 *Mornieux*. Paris, r. Mondétour, 35. Boutons de passementerie. C.

2432 *Mothereau*. Paris, r. Rochechouart, 64 bis. Carreaux de plâtre creux. C.

2433 Passerelle.

2434 Plans de fours pétrins.

2435 Robinets pour rendre le gaz d'éclairage portatif.

2436 Étoffe de laine et de soie.

2437 Rasoirs, couteaux et ciseaux.

2438 Rouleau pour l'imprimerie.

2439 *Mudesse*. Paris, r. des Fossés-du-Temple, 6. Pendules, cadres en marbre plaqué sur métaux. C.

2440 *Muller* fils et Comp. Paris, faubourg St-Martin, 115. Vernis et couleurs. C.

2441 Extraits d'essences aromat.

2442 *Mutel* (de). Paris, r. de Fourcy-Saint-Marcel, 7. Huile désoxygénée. C.

2443 *Karl, Hauder* et *André*. Paris, r. des Amandiers-Popincourt, 40 bis. Peinture sur verre. C.

2444 Tissus divers.

2445 *Klein*. Paris, r. Montmartre, 118. Établi et outils pour l'ébénisterie. C.

2446 *Koch*. Paris, rue aux Ours, 71. Peignes. C.

2447 Reliures.

2448 *Kopp*. Paris, r. du Temple, 56. Boîtes de ménage et jouets d'enfants. C.

2449 Estampes imprimées.

2450 Statuettes en bronze.

2451 Tissus de toile métallique.

2452 Calorifère.

2453 *Krafft*. Paris, faubourg St-Denis, 82. Gravure sur cylindres. C.

2454 L. *Krafft* et Comp. à Montmartre, rue du Chemin-Neuf, 5. Sulfate d'ammoniaque. C.

2455 Meubles en bois de rose.

2456 *Labarraque* et *Lecanu*. Paris, r. Cloche-Perce, 10. Chlorure. C.

2457 *Labey* et *Lemaire*. Paris, place du Caire, 2. Toiles cirées. C.

2458 Dessins pour l'industrie.

2459 *Junod*. Paris, rue de Lesdiguières, 7. Moulures diverses. C.

2460 Balances bascules, crics en fer.

2461 *Labiche* et *Tugot*. Paris, r. du Mail, 5. Glucose de fécule. C.

2462 Papiers de tenture, bordure

2463 *Lacarrière*. Paris, r. Sainte-Élisabeth, 3 bis. Bronzes pour l'éclairage au gaz. C.

2464 *Lacarière*. Paris, r. Sainte-Élisabeth, 3 bis. Plusieurs modèles de chassis. C.

2465 *Lacointa* jeune et Comp. Paris, rue Molay, 4. Anneaux creux sans soudure. C.

2466 *Lacour*. Paris, rue du Petit-Carreau, 32. Étal de boucher et de charcutier. C.

2467 *De Laëré*. Paris rue Richelieu, 18. Plantes dessinées. C.

2468 Lettres en relief et en métal.

2469 *Lafond*. Paris, rue Vivienne, 3. Bandages et appareils herniaires.

2470. *Lafond*. Paris, rue du Marché-Popincourt, 2. Essieux et machines diverses. C.

2471 *Lagoutte* et fils. Paris, rue de Touraine, 2. Tuyaux en plomb et en étain. C.

2472 *Lagrange*. Paris, rue du Faubourg-du-Temple, 81. Machine à battre les graines. C.

2473 *Lahaye*. Paris, rue du Dragon, 30. Stucs, piédestaux, colonnes cannelées, échantillons. C.

2474 Jalousies et stores, plaques émail.

2475 Alcali volatil, carbonate et amoniaque.

2476 Mérinos, cachem. d'Écosse.

2477 *Lamotte*. Paris, rue du Faubourg-Montmartre, 4. Garde-robes, pompes. C.

2478 Baignoires pour malades.

2479 Cadre, rosaces, statues.

2480 Tranches de marbre noir.

2481 Mécanique à tisser.

2482 *Lange-Desmoulin*. Paris, rue du Roi-de-Sicile, 32. Couleurs. C.

2483 *Langlois*. Stains (Seine). Toile cirée. C.

2484 Coutellerie de table et de fantaisie.

2485 Pâtes féculentes.

2486 *Lainé*. Paris, rue du Maure-Saint-Martin, 96. Boîtes en carton, cartes. C.

2487 Rasoirs, cuirs à rasoirs, couteaux.

2488 Tableaux en verre peint.

2489 *Laporte*. Paris, rue des Filles-Saint-Thomas, 20. Objets de coutellerie. C.

2490 Livres et albums reliés.

2491 Outils pour la ferblanterie.

2492 Cirage et vernis.

2493 *Laroche*. Paris, rue St-Roch Poissonnière, 8. Dessins de châles, de robe. C.

2494 *Larocque*. Paris, rue du Faubourg-Saint-Martin, 11. Corbeilles de fleurs artificielles. C.

2495 Zincs laminés.

2496 *Larrivé*. Paris, rue des Petits-Champs-Saint-Martin, 2. Boutons en métal. C.

2497 Tapis, toile et papier cirés.

2498 *Lasserre* frères et comp°. Paris, boulevard Bonne-Nouvelle, 25. Bitume, carreau pour dallage. C.

2499 *Lelieur de l'Aubépin*. Paris, r. du Bac, 55. Char-à-banc à 6 roues. C.

2500 Boutons de soie et lasting.

2501 Carde à étoupe, banc à broches.

2502 Métiers et machines diverses.

2503 *Laurent* et Comp. Paris, rue Neuve-Ménilmontant, 15. Vitraux peints. C.

2504 Caves à liqueurs, boîtes à ouvrage.

2505 Découpoirs à levier concentrique.

2506 Faux, acier.

2507 *Laury*. Paris, rue Tronchet, 31. Cheminées calorifères. C.

2508 Essieux, fers laminés.

2509 Machine à vapeur de la force de 12 chevaux.

2510 Charrue semoir à quatre socs.

2511 Dessins sur mousseline-laine.

2512 Flambeaux, pendules, toilettes.

2513 Indicateurs mobiles pour sonnettes.

2514 *Rédier*. Paris, place du Châtelet, 2. Horloges marines, montres. C.

2515 *Regnard*. Paris, rue Bouche-rat, 2. Plans en relief en bois. C.

2516 Corbins en corne et poires.

2517 Chocolat.

2518 Bougies et cierges.

2519 Appareils de daguerréotypes.

2520 *Remon*. Paris, rue du Cloître-Saint-Benoît, 14. Gravure en relief sur cuivre. C.

2521 Flûtes, hautbois, cors anglais, clarinettes, baryton.

2522 *Renard*. Paris, rue Sainte-Avoye, 58. Échantillons de serrurerie. C.

2523 *Renard*. Paris, rue des Gravilliers, 28. Outils et instruments pour la gravure. C.

2524 *Renaudière*. Paris, rue du Sentier, 3. Mousselines et rideaux. C.

2525 *Rennes*. Paris, rue de l'Aiguillerie, 2. Brosses et balais. C.

2526 Peaux de cheval corroyées et tannées.

2527 Feuilles de cuivre jaune.

2528 *Reydor*. Paris, rue Saint-Martin, 155. Tourne-broche à ressort, horloge. C.

2529 *Reymondon*. Paris, rue du Faubourg-Saint-Martin, 84. Mécanique à bobiner la soie et le coton.

2530 Montres d'enfants et médaillons.

2531 Tapis en drap imprimé, cabas.

2532 Châles, tissus et écharpes.

2533 Peignes, bracelets et croix pastorales.

2534 Montre plate chonographe.

2535 Appareils gazoscopiques.

2536 Cyanure de potassium.

2537 Céruse et minium.

2538 Registres divers.

2539 *Robert*. Paris, rue de la Verrerie, 34. Dessins pour tapisseries et broderies. C.

2540 *Robert*, à Grenelle, rue Violet, 10. Chauffoirs pour voitures. C.

2541 Régulateurs, montres.

2542 Divers métaux affinés.

2543 Pend. et autom. mécan.

2544 Encriers.

2545 Dessins de mach. et d'arch.

2546 Pains de gluten et de fécule.

2547 Cheminée.

2548 *Rodel*. Paris, r. de la Chaussée-d'Antin, 44. Candélabres, pendule en bonze. C.

2549 Mach. à mélanger le béton.

2550 Acier à cuire et tube à étirer.

2551 Limes.

2552 *Rojon*. Paris, r. de la Tannerie, 35. Émeri préparé et perfectionné. C.

2553 Appareil aleuromètre.

2554 *Romagnesi* aîné. Paris, r. de Paradis-Poissonnière, 24. Sculpture en carton-pierre. C.

2555 Mach. pour battre les grains.

2556 *Rosse*. Paris, r. du Faub.-Saint-Denis, 43. Pendule à sphère. C.

2557 *Rosselet*. Paris, r. de Miroménil. 7. Candélabres, pendules. C.

2558 *Rosset*. Paris, r. Vivienne, 40. Châles indoux et cachemires, écharpes. C.

2559 Toiles métalliques, etc.

2560 Appareils d'éclairage.

2561 Briques et boisseaux, etc.

2562 Four, machines à percer, étaux.

2563 Mesures de tonnellerie.

2564 Regis., presses à copier.

2565 *Rousseau*. Paris, r. des Cinq-Diamants, 12. Conserves de fruits assortis. C.

2566 Acétate de plomb.

2567 *Rousseau et Poisson*. Paris, Impasse de la Pompe, 13. Feuilles métalliques.

2568 Peaux de bœuf tannées.

2569 *Bousseraux*. Paris, r. Mandar, 5. Fourneaux. C.

2570 *L. Roussel et Desprez*. Paris, rue du Faubourg-Montmartre, 10. Vaches Vernies. C.

2571 *Rousseville*. Paris, r. Saint-Martin, 145. Couverts en étain. C.

2572 Collier de cabriolet.

2573 Pend. avec globes terrestres.

2574 Assortim. de vases sacrés.
2575 *Rypinski*. Paris, rue Bourbon-Villeneuve, 5. Dessins de fichus, foulards. C.
2576 Cout. pour le service de tab.
2577 Portraits au daguerréotype.
2578 Tissus et châles.
2579 *Saget*. Paris, r. Sainte-Élisabeth, 7. Appareils d'éclairage de ville. C.
2580 *Sajou*. Paris, r. de la Barillerie, 17. Dessins pour tapisserie. C.
2581 *Saint-Étienne* fils, Paris, r. d'Arcole, 3. Machine à râper la pomme de terre. C.
2582 Regis. et art. de papeterie.
2583 Glaces.
2584 Appareil.
2585 *Saint-Paul* (veuve). et fils. Paris, boulevard des Filles-du-Calvaire, 11. Boîtes métalliques. C.
2586 Dessins industriels.
2587 Tapis, portières, etc.
2588 Tapisserie, tapis velouté.
2589 Papiers découpés.
2590 *Salmon*. Paris, r. des Arcis, 22. Pièces de poterie de grès fin. C.
2591 Dessins de machines.
2592 *Sampson*. Paris. rue Ferme, 58. Siéges. C.
2593 Instruments de chirurgie.
2594 *Sanders*. Paris, r. Soly, 13. Bouillottes, fontaines en cuivre bronzé. C.
2595 Scarificateurs.
2596 Linge damassé et châles.
2597 Cirage et vernis.
2598 *Sanrey*. Paris, r. du Rocher, 8. Théâtre mécanique pour enfants. C.
2599 Engrenage en fonte.
2600 *Le Saulnier*. Paris, passage Radziwill. Presse à timbre humide. C.

2601 Brosses et pinceaux.
2602 Statue en marbre réduite.
2603 Haussé-col en doublé or.
2604 Stores.
2605 Art. de pêche et de chasse.
2606 Ciment en poudre, etc.
2607 Lin, fil écru non retors, etc.
2608 *Schellinck*. Paris, r. Saint-Honoré, 91. Encens. C.
2609 Appareils de de Daguerréotype.
2610 *Schmitt*. Paris, r. de la Tannerie, 12. Enclumes, étaux. C.
2611 *Schmidt*, à Belleville, chaussée de Ménilmontant, 24. Limes diverses. C.
2612 Musique gravée.
2613 Instruments de physique, etc.
2614 Autel, cheminées, médaill⁹.
2615 *Seguin* (madame). Paris, rue des Capucines, 7. Mécanisme pour chapeau. C.
2616 *Seidel*. Paris, r. des Gravilliers, 23. Panneaux pour meubles antiques. C.
2617 Bonneterie de toute espèce.
2618 Tableaux en incrustation.
2619 Carmins d'indigo.
2620 *Serpolet*. Paris, r. Culture-Sainte-Catherine, 28. Peluche de Paris. C.
2621 Pendules, candélabres, etc.
2622 *Isnard - Maubert* et *Isnard* (Alphonse). Paris, r. St-Merry, 16. Eau de fleurs d'oranger, essences diverses. C.
2623 Gravures au burin, lithogr.
2624 *Jacquot*. Paris, r. Saint-Roch Poissonnière, 14. Persiennes. C.
2625 Pendules.
2626 *Jacquemart*. Paris, r. des Vinaigriers, 24. Toiture avec châssis, crémones. C.
2627 *Jaeglin* et *Fuchs*. Paris. r. des

Jeûneurs, 7. Dessins in-
dustriels. C.

2628 *Jaminet*. Paris, r. du Four-
St-Germain, 26, et Sainte-
Marguerite, 19. Fontaine
démonstrative. C.

2629 *Janin*. Paris, r. du Rocher,
20. Un indicateur, pièce
mécanique pour le service
des hôtels garnis, etc. C.

2630 Vases avec des orseilles.

2631 Porcelaines.

2632 Fusils et pistolets.

2633 *Jeanne*. Paris, passage Choiseul, 66 et 68. Grand ca-
dre doré. C.

2634 Table en marqueterie, etc.

2635 Piano.

2636 Tabatières diverses en bois.

2637 *Jolly*. Paris, r. Albouy, 5.
Porte-plumes sans soudu-
res. C.

2638 *Jomeau*. Paris, aue Cloche-
Percée, 12. Modèle d'un
système de ponts. C.

2639 Peaux de moutons.

2640 Gants.

2641 *Jourdain*. Paris, r. Neuve-
des - Petits - Champs, 52.
Fruits conservés. C.

2642 *Jourdan*. Paris, r. de Charonne, 169. Étoffes de
crin, soie végétale et laine.
C.

2643 *Jugier*. Paris, r. Saint-Nico-
las-Saint-Antoine, 20. Serrures pour meubles, pi-
vots et loquetaux. C.

2644 *Jullien*. Paris, r. Saint-Denis, 217. Mécaniques pour
fixer les œillets métalliques et pour ferrer les lacets. C.

2645 *Julien*. Paris, r. Neuve-St-
Eustache, 39. Fleurs artificielles, corbeille et vases.

2646 *Naylies* et comp. Paris, r.

du Chemin-Vert, 7. Meu-
les à moulins. C.

2647 Dessins pour étoffes.

2648 *Patinot* et comp, Paris, rue
Condé, 13. Tuyaux en terre
cuite. C.

2649 *Passerieux*. Paris, r. des vinaigriers, 25. Sonnettes et
cordons acoustiques. C.

2650 Objets d'histoire naturelle.

2651 Garde-robes et cuvettes.

2652 Articles en cuivre, cafetières.

2653 *Parisot*. Paris., r. Richelieu,
113, et r. Saint-Sauveur,
22. Assortiment de cou-
tellerie. C.

2654 Charrue, herse, etc.

2655 Tapis.

2656 Couvertures oropholithes.

2657 Yeux artificiels.

2658 Moulins à blé.

2659 Horloges, mécaniques.

2660 *Niepce* et *Etoffe*. Paris, r. des
Vieux-Augustins, 23. Ob-
jets de sellerie. C.

2661 *Neumann* (Ferdinand). Paris,
r. de la Pépinière, 72. Un
essieu à l'huile à double
rotation. C.

2662 Cuirs.

2663 *Neville* et comp. Paris, r.
d'Angoulême, 25. Modèle
d'un pont. C.

2664 Lustres, lampes, etc.

2665 Reliure.

2666 Montres, ébauches de montres, pendules.

2667 Tableau à horloge, à musiq.

2668 Pendules, régulateurs.

2669 Anémomètres, hydromètres.

2670 *Noiret*. Paris, r. Guénégaud,
31. Appareil pour remé-
dier à la rupture. C.

2671 *Giroux*. Paris, galerie Montmartre, passage des Pano-
ramas, 12. Chocolat. C.

2672 *Numa-Lauvet*. Paris, r. J.-J.

Rousseau, 18. Poinçons pour la grav. héral. C.

2673 *Nys* et comp. Paris, r. de l'Orillon, 27. Cuirs vern. C.

2674 Feutre moulé, bustes, etc.

2675 *Obré.* Paris, r. du Temple, 13. Fourreaux de sabres. C.

2676 Bourres en feutre pour armes à feu.

2677 Savons de mén. et de toilette.

2678 Maroquins de couleur.

2679 *D'Orbigny.* Paris, r. de Seine, 47. Planches du *Diction-naire universel d'histoire naturelle.* C.

2680 Rouet, corbeilles, objets div.

2681 Reliures.

2682 Etoffes de crin.

2683 Comptoir, cuvette.

2684 *Ozouf.* A Grenelle, r. des Entrepreneurs, 31. Peaux de vache et de veau vernies. C.

2685 Tissus brodés pour gilets.

2686 Candélabre en fonte de fer.

2687 Candélabre en bronze, pendules, lustres, etc.

2688 *Paillette.* Paris, r. du Bac, 15. Brosses et balais. C.

2689 Soufflets de forge.

2690 Chapeaux soie et castor. C.

2691 Etirage au banc de cuivre, fer, acier, etc.

2692 *Parguez.* Paris, r. du Mail, 13. Dessins pour les manufactures. C.

2693 Bracelet, genre gothique.

2694 *Paris,* à Bercy (Seine), Grande-Rue, 53. Emaux sur or, argent, platine. C.

2695 Coffres-forts.

2696 *Paul.* Paris, r. du Jardin-du-Roi, 12. Peaux tannées. C.

2697 Pâtes de papiers et papiers.

2698 Echantillons de fils étirés.

2699 Appareils à distillation.

2700 *Peghaire.* Paris, r. Molay, 4.

Bijouterie d'or, d'argent. C.

2701 Tabatières et divers objets d'orfèvrerie.

2702 *Pellier.* Paris, faubourg Saint-Martin, 11. Mors Pellier pour arrêter les chevaux. C.

2703 *Penant.* Paris, r. de l'Arbre-Sec, 60. Cafetières en cristal. C.

2704 Bottes, souliers et bottines.

2705 *Pérardel.* Paris, r. de Malte, 36. Couleurs. C.

2706 Dorure et peinture sur verre.

2707 Tapisserie à l'aiguille, canevas.

2708 Fusils, pistolets.

2709 Incrustations sur pierres fines et métaux.

2710 *Perrenot, Gonord* et comp. Paris, r. Grange-aux-Belles, 54. Plaques, assiettes, etc. C.

2711 *Perret.* Paris, r. Cadet, 14. Voiture, dessins. C.

2712 *Perrève* (chevalier de). Paris, de la Ferme-des-Mathurins, 13. Cheminées d'usine. C.

2713 *Perrot.* Paris, r. Saint-Denis, 275. Fleurs artificielles, bouquets en plumes. C.

2714 Machine à imprimer les tissus.

2715 *Perrot.* Paris, boulevard Bonne-Nouvelle, 27. Lettres et enseignes en zinc. C.

2716 Meules artificielles en silex.

2717 *Person.* Paris, r. Montmartre, 95. Châles et écharpes.

2718 *Pétard.* Paris, r. Saint-Denis, 256. Soieries teintes, velours. C.

2719 *Petit.* Paris, r. de la Cité, 19. Clysopompes d'un nouveau mécanisme. C.

2720 Cheminée-poêle et calorifère.
2721 *Petibon*. Paris, r. de la Bourbe, 12. Caractères d'imprimerie, etc. C.
2722 Bougies pour sondes.
2723 Bougies stéariques.
2724 Patères pour meubles, rosaces, etc.
2725 Pianos.
2726 *Taborin*. Paris, r. Amelot, 52. Limes. C.
2727 Rouets à filer, métiers à broder.
2728 Pendules régulateurs, roues.
2729 *Peyen* (A.) et Comp. Paris, r. de l'Orillon. Châssis de jardin. C.
2730 Tas poli, bigornes, bigorneau.
2731 *Philippe*. Paris, r. Montorgueil, 96. Ghats de peau. C.
2732 *Philippe*. Paris, r. Thibautodé. Montres diverses, pièces détachées. C.
2733 *Piat*. Paris, r. Saint-Maur-Ménilmontant, 38. Engrenages droits, etc. C.
2734 Fauteuil et chaise en bois de cerf.
2735 Couteaux et fourchettes à découper, etc.
2736 *Pichenot*. Paris, r. des Trois-Bornes, 5. Faïence appliquée aux poêles. C.
2737 Limes diverses.
2738 Cachemires teints.
2739 Cartes géographiques.
2740 Fusils.
2741 *Pieren*. Paris, r. Quincampoix, 18. Théières et fontaines en métal anglais.
2742 *Pigeault*. Paris, r. des Vieux-Augustins, 53. Cirage. C.
2743 *Pigné* et *Pigache*. Paris, r. Saint-Denis, 93. Cylindres pour gravure. C.

2744 Cuivre estampé.
2745 Plateaux en tôle vernie, etc.
2746 *Pinaud*. Paris, r. Saint-Martin, 230. Savon animal, végétal, etc. C.
2747 Gymnase industriel, etc.
2748 *Pinson*. Paris, r. du Ponceau, 12. Nécessaires, etc. C.
2749 *Pitet* aîné. Paris, r. Saint-Martin, 257. Pinceaux et brosses. C.
2750 Câbles pats et ronds en fil de fer.
2751 *Place* et *Letalec*. Paris, r. du Temple, 76. Appareils pour cabinets d'aisance. C.
2752 *Plataret*. Paris, r. Pavée, au Marais. Tissus, tricots feutres. etc. C.
2753 Cuirs vernis, ustensiles de voyage vernis.
2754 Pianos à queue.
2755 *Plumier*. Paris, r. Vivienne, 36. Epreuves daguerréennes. C.
2756 Chapeaux de dames.
2757 *Poiriet*. Paris, faubourg St-Martin, 35. Presses antozincograph. C.
2758 *Poisat* oncle et Comp., à la Folie - Nanterre (Seine). Acides sulfurique et nitrique. C.
2759 Manches de porte-plumes.
2760 Tricots.
2761 *Poli* et comp. Paris, quai de la Gare, à Grenelle, 15. Barres de fer. C.
2762 *Poliot*. Paris, r. Mazarine, 42. Fourneaux. C.
2763 *Pompon*. Paris, r. du Temple, 105. Lustres et candélabres en bronze. C.
2764 Tubes en fer et en cuivre.
2765 Veaux cirés, etc.
2766 Horloges astron. portatives.
2767 *Poreaux* et comp. Paris, r.

du Faubonrg-du-Temple, 117. Velours, peluches et soieries. C.

2768 Fils et tissus cachemires.

2769 *Potel*. Paris, rue Beaubourg, 50. Bijouterie de deuil. C.

2770 *Porlier*. Paris, r. Montmorency, 32. Formes à papiers. C.

2771 *Pathier*. Paris, r. Saint-Jean-de-Beauvais, 18. Brides pour sabots. C.

2772 *Pougeois*. Paris, r. Saint-Sauveur, 30 bis. Cadrans indicateurs. C.

2773 Bandages herniaires.

2774 *Poulet*. Paris, r. Fontaine-au-Roi, 16. Plombs filés. C.

2775 Couvertures en laine, etc.

2776 Couteaux et rasoirs.

2777 Fusils et pistolets.

2778 Pinceaux de toute nature.

2779 Modèle de pont.

2780 *Prévost*. r. des Quatre-Fils. Tabl. représent. un bouq.

2781 *Prévost* (A.). Paris, r. Saint-Maur-Popincourt, 26. Laine filée et tissus en laine peignée. C.

2782 *Prévost* jeune. Paris, r. Phélipeaux, 4. Chocolats. C.

2783 *Prévost - Wenzel*. Paris, r. Saint - Dominique, 297. Fleurs artificielles. C.

2784 *Prieur-Appert*. Paris, r. Folie-Méricourt, 4. conserves alimentaires, gélatines. C.

2785 Briques bitumées.

2786 Machine à tailler les limes.

2787 Boulons en fer.

2788 *Poinsot*, *Prunier* et comp. Paris, r. de Rivoli, 24. Bougies, acide stéarique. C.

2789 Limes.

2790 *Puzin*. Paris, r Saint-Denis, 153, et à Beaumont (Sei-ne-et-Oise). Galons pour voitures et livrées. C.

2791 *Lemesle*. Paris, r. du Chemin-Vert, 21. Albâtre brut en morceaux. C.

2792 Lits en fer.

2793 *Lemoitre*. Paris, boulevard des Italiens, 17 et 19. Coffres-forts, serrures à combinaison. C.

2794 Ouvrages en cheveux.

2795 Pièces en sucre, etc.

2796 Moule à balle, etc.

2797 Fusils de chasse, etc.

2798 Laine peigné en bobines.

2799 Vernis divers.

2800 Meubles en fer.

2801 Trémolophones, pianos.

2802 Bois et canons de fusil.

2803 Porte-crochets en corail, etc.

2804 Mercerie, tapisserie, etc.

2805 *Tammassia*. Paris, passage Brady, 75. Feuilles de sparterie, etc. C.

2806 *Tangre*. Paris, r. Saint-Maur, Toiles métalliques, etc. C.

2807 *Tangre* aîné. Paris, r. Saint-Maur-du-Temple, 122. Toiles métalliques. C.

2808 *Tard*. Paris, r. des Amandiers-Saint-Jacques, 14. Objets en imitation de bronze. C.

2809 *Tard*. Paris, quai de Billy, 2. Appareils en fer étamé, cuivre. C.

2810 Gants et fermoirs pour gants.

2811 *Taveau*. Paris, r. des Vieux-Augustins, 35. Savons. C.

2812 *Taysse*. Paris, r. du Vieux-Colombier, 5. Parapluies, ombrelles. C.

2813 *Tesson*, à Colombes (Seine). Huile de pieds de bœuf. C.

2814 *Tesson*. Paris, rue Saint-Maur, 63 et 65. Creusets réfractaires, fourneaux. C.

2815 Statues en pierre factice.

2816 *Dubus* et Comp.. Paris, faubourg St.-Denis, 190. Tissus de verre pour meubles. C..

2817 Timbres, cachets gravés, etc.

2818 *Thibert*. Paris , r.. du Mont-Parnasse, 8. Pièces artificielles d'anatomie. C.

2819 Tapis, châles, etc.

2820 Dess. au crayon et à la pl.

2821 Sommiers élastiques.

2822 Carreaux en plâtre.

2823 Étagères, coffres, etc.

2824 *Thomas*. Paris, r. Saint-Martin, 63. Objets d'étalage. C.

2825 *Saint-Paul* et *Thomas-Elliot*. Paris, r. Fontaine-au-Roi, 39. Chaînes, mors, etc. C.

2826 Machines à calculer.

2827 Grenier mobile.

2828 *Thoumin* et *Corbière*. Paris , r. Saint-Antoine, 165. Patères, palmettes, galeries, 8, C.

2829 *Thouret*. Paris, place de la Bourse , 31. Montre à secondes. C.

2830 Presses lithographiques.

2831 Soie grége filée.

2832 *Tiné*. Paris, r. des Colonnes. Coffres pour l'emballage. C.

2833 Vases, cabarets et service de table en porcelaine.

2834 *Tirrart*. Paris, impasse Sandrié , 4 *bis*. Sculpture en carton - pierre , candélabre, anges, etc. C.

2835 *Tissier*. Paris, quai Napoléon , 27. Collection de pierres gravées , épreuves sous verre.

2836 Irrigateurs en cuivre, étain.

2837 *Toncy* et *Gérard*. Paris, rue Vaucanson, 4. Enciers,

boîtes à jeu, dévido irs. C.

2838 Mach. à rhabiller les meules.

2839 *Tourel*. Paris, place des Victoires. Velours cachemire. C.

2840 Ornem.. en cuivre estampé.

2841 Fontaines, bouilloines, etc.

2842 Modèles de serres chaudes.

2843 *Trélon* et *Langlois-Sauer*. Paris, r. de Chabrol, 33. Boutons dorés, et ciselés. C.

2844 Peaux de chevreau.

2845 *Tresca*. Paris, r. de la Sorbonne, 3. Bougies.

2846 Peinture à l'hydroléine.

2847 Serrures et verrous.

2848 *Tripier-Deveaux*, à la Villette, r. de Flandres, 39 bis. Vernis divers. C.

2849 *Tronchon*. Avenue de Saint-Cloud, près de la barrière de l'Étoile. Grillages pour parcs et jardins. C.

2850 *Tronel* et comp. Paris, r. St-Denis, 257. Gauffrages en coul. s. cart. C.

2851 *Tronquoy*. Paris, r. du Faubourg-St-Denis, 108. Dessins de machines. C.

2852 Bonnets à l'orientale, etc.

2853 *Trousseau*. Paris, r. des Filles-du-Calvaire, 4. Cloches à soupapes. C.

2854 *Trouvé*. Paris, passage Violet, 5. Cadres avec ornements en pâte. C.

2855 Boutons de soie en tissu-gal.

2856 *Truchy*. Paris, r. du Petit-Lion-Saint-Sauveur , 18. Perles fausses. C.

2857 *Truffaut*. Paris, r. du Temple, 65. Objets de tabletterie fine. C.

2858 Tissus caoutchouc.

2859 Appareils de daguerréotype.

2860 *Valérius*. Paris, r. du Coq-

Saint-Honoré, 7. Orthopédie mécanique. C.
2861 Toiles pour la peinture.
2862 *Vallet.* Paris, r. Neuve-Bourg-L'abbé, 2. Instr. p. échap. de montres. C.
2863 Cadenas de différ. formes.
2864 Draps et feutres s. couture.
2865 Tourne-broches.
2866 *Varlet.* Paris, place du Trône, faubourg Saint-Antoine, 3. Ustensiles de ménage en tôle. C.
2867 Boutons en métal et en étof.
2868 *Vaugeois.* Paris, r. Mauconseil, 1. Épaulettes en or et en argent. C.
2869 *Vaulot.* Paris, r. St-Martin, 222. Nappe en étain pur. C.
2870 Veau ciré, culée de cheval.
2871 Couteaux de chasse, etc.
2872 Bijouterie en acier poli.
2873 *Vayson, Poret et comp.* Paris, r. du Faubourg-Saint-Jacques, 53. Tapisserie. C.
2874 Guéridon en palissandre.
2875 *Verreaux.* Paris, r. Jean-Robert, 26. Garde-robe, flèche, etc. C.
2876 Brosses fines diverses.
2877 Animaux empaillés, un daim.
2878 *Verstaen.* Paris, r. Beaujolais-du-Temple, 6. Caisses de sûreté. C.
2879 *Vervelle.* Paris, r. Neuve-Monimorency, 1. Corbeilles de mariage, caves à liqueurs. C.
2880 Cafetières en ferblanc.
2881 Gravures sur étain.
2882 *Viard.* Paris, r. Saint-Martin, 54. Couleurs pour préserver les murs. C.
2883 *Wickham.* Paris, r. Saint-Honoré, 257. Pierres d'évier avec appareils. C.

2884 *Wickham.* Paris, r. Saint-Honoré, 257. Bandages herniaires. C.
2885 *Victor* (madame Constance). Paris, r. Villedot, 15. Blanchissage de dentelles et blondes. C.
2886 *Vidron.* Paris, r. Rambuteau, 43. Pièces de tablett. C.
2887 Bijouterie de deuil.
2888 Fusils et pistolets.
2889 Plans de machines.
2890 *Vila-Kœnig.* Paris, r. des Gravilliers, 7. Jumelles. C.
2891 *Vilocq* frères. Paris, r. Basse-du-Rempart, 10. Cheminées diverses. C.
2892 Lait solidifié pur, au thé.
2893 Cuirs et peaux pour chauss.
2894 *Villerey.* Paris, r. Saint-Jacques, 41. Lettres de change impossibles à contrefaire. C.
2895 *Villeroi.* Paris, r. Mazarine, 29. Bas-reliefs, incrustations, etc. C.
2896 Tuyaux en fil sans couture.
2897 *Vincent* aîné. Paris, r. de Beauce, 4. Tabatières, albums, etc. C.
2898 Chaînettes et jalousies.
2899 Console renaissance.
2900 *Vincent.* Paris, r. Geoffroy-l'Angevin, 15. Peaux de moutons pour la chapell. C.
2901 *Paturel.* Paris, r. St-Martin, 98. Cravaches, fouets. C.
2902 *De Vinoy.* Paris, rue des Trois-Bornes, 15. Tuyaux en fer étiré. C.
2903 Savons de toilette, etc.
2904 Vases, thés et déjeuners.
2905 *Vogt.* Paris, r. de la Roquette, 74. Poêles et panneaux de cheminées. C.
2906 *Voisin.* Paris, r. des Quatre-

Fils, 18. Gravures sur métaux. C.

2907 Jalousies.

2908 Découpures en bois.

2909 Grosses horloges.

2910 Horloge de précision.

2911 *Waidèle*. Paris, r. du Jardin-du-Roi, 9. Cabriolet à quatre roues. C.

2912 Ornements de plafonds.

2913 *Warée*. Paris, rue de Crussol, 11. Point nouveau pour bourses. C.

2914 *Weiler*. Paris, r. Michel-le-comte, 14. Psychés, toilettes à tiroirs. C.

2915 *Wernet* père et fils. Paris, r. du Bac, 32. Bougies. C.

2916 Montres marines, chronomètres.

2917 *Wuy* et *Butet*. Paris, r. de la Verrerie, 54. Bleu pour linge et bleu de Prusse. C.

2918 Descente de lit en plumes d'autruche.

2919 *Zier* (veuve) et fils, à Belleville, boulevard des Couronnes, 9. Chandeliers modèles, colonnes cannelées. C.

2920 *Bernardet*. Paris, r. des Petits-Hôtels, 10. Gazéificateurs pour lampes. C.

2921 Lampes.

2922 Poêle et cheminée.

2923 Chemins de fer, locomotives.

2924 Poêles calorifères.

2925 *Lecerf*. Paris, r. Montholon, 15. Fourneaux, Cheminées et calorifères. C.

2926 *Pauchet*. Paris, r. du Faubourg-Poissonnière, 10 *bis*. Fourneaux de cuisine et de limonadiers. C.

2927 Calorifères à eau chaude.

2928 *Despinoy*. Paris, r. du Faubourg-Saint-Denis. Four-neaux, calorifères et cheminée. C.

2929 Lampes nouvelles à gaz.

2930 Glaces.

2931 Calorifère.

2932 Tôles, poêles, cheminées et brûloirs à café.

2933 Fourneaux divers et rôtissoirs.

2934 Coutellerie commune, etc.

2935 Outils en fer, râteaux, etc.

2936 Ouvrages de librairie illusto.

2937 Chapeaux.

2938 Mousseline-laine, etc.

2939 *Le Bachellé*. Paris, r. Lavoisier, 18. Charrue.

2940 Chasse-mouch. pour les chevaux.

2941 *Lebert* et *Muller*. Paris, r. du Gros-Chenet, 23. Dessins pour étoffes. C.

2942 Services de table.

2943 *Leblais*. Paris, r. Saint-Martin, 124. Taille-plumes.

2944 *Leblanc*. Paris, r. Ménilmontant, 38. Crémones, etc.

2945 *Leblanc*. Paris, r. St-Martin, 295. Dessins industriels. C.

2946 Gravures.

2947 Modure de couvert en zinc.

2948 Cordages divers.

2949 Vernis pour bois.

2950 Fleurs et peint. sur porcel.

2951 Ceintures de sauvetage.

2952 Reliures diverses.

2953 *Lecharpentier*. Paris, r. Saint-Denis, 121. Fleurs et ornements en perles.

2954 *Lechevalier-Hamond*. Paris, r. Saint-Martin, 295. Basanes, veau, vache, etc. C.

2955 Appareils de chauffage.

2956 Ornem. en cuivre estampé.

2957 Lettres et médailles en relief.

2958 Biberon pompe.

2959 *Lefebure* frère et fils. Paris,

r. de Charenton, 100. Colle-forte. C.

2960 *Lefebvre*. Paris, r. Francs-Bourgeois, 1. Pièces d'horlogerie. C.

2961 Méridiens diaphanes.

2962 *Lefèvre*. Paris, r. de Sèvres, 4. Cordes de chanvre, étendelles. C.

2963 *Lefort frères*. Paris, r. Mauconseil, 12. Étoffes pour feuillages. C.

2964 Fusils et pistolets.

2965 Cadres et spécim. de caract.

2966 Savons de ménages et savons fins.

2967 *Legras*. Paris, r. Vivienne, 57. Chapeaux de paille. C.

2968 *Lehodey*. Paris, r. François-Miren, 15 bis. Clysoïde. C.

2969 *Lejeune*. Paris. r. St-Honoré, 97. Chapeau mécanique, chapeau de soie. C.

2970 *Lejeune fils*. Paris, r. de Charenton, 85. Charneière, volet en tôle. C.

2971 *Lelieur*. Paris, r. du Puits-Blanc'-Manteauv, 8. Couverts, cuillers à café. C.

2972 *Lelong*. Paris, r. du Temple, 49. Bracelets, chaînes. C.

2973 *Lelogé*. Paris, r. Saint-Étienne-Bonne-Nouvelle, 15. Fontaines, filtres, pierre. C.

2974 *Leloutre*. Paris, r. du Caire, 10. Coffre-forts. C.

2975 *Lemaire-Daimé*. Paris, r. du Petit-Carreau, 1. Cannes et pommes de cannes. C.

2976 Verrières coloriées.

2977 *Lamarre (veuve)*. Paris, quai Conti, 3. Caléfacteur, cylindre de bain. C.

2947 Caléfacteur, cylindre de bain.

2978 Cadres de gravures de machines.

2979 Épreuves de lithographies.

2980 Stores peints.

2981 *Baillot*. Paris, r. Plumet, 25. Bougies. G.

2982 *Bailly aîné et Belnot*. Paris, rue Simon-le-Franc, 25. Casquettes. C.

2983 *Bailly*. Paris, rue Saint-Jean-de-Beauvais, 11. Volumes dorés sur tranche. C.

2984 *Balaïne*. Paris, faubourg du Temple, 93. Service de table complet. C.

2985 *Balland*. Paris, r. Saint-Philippe, 1. Lits en fer et en fonte. C.

2986 *Bally*. Paris, r. Notre-Dame-de-Fazareth, 25. Pendules à boîtes en cuivre. C.

2987 Coupe-mèches circulaires.

2988 *Bara et Gérard*. Paris, r. des Poitevins, 7. Gravures sur bois et en typographie. C.

2989 Coraux taillés et gravésr

2990 Cheminées calorifères, etc.

2991 Métier à la Jacquart.

2992 *Barbou*. Paris, r. Montmartre, 58. Mécanisme indicateur pour remplacer les sonnettes. C.

2993 Bidets injecteurs, cuvettes.

2994 *Barouille*. Paris, r Neuve-Saint-Eustache, 18. Châles divers.

2995 Épreuves de gravure, etc.

2996 Serrures, cadenas, crémones.

2997 Châles longs et carrés.

2998 *Baschet, Baullier et frère*, Paris, r. Vendôme, 9. Pendules pilastre, cadres. C.

2999. *Basely*. Paris, place Dauphine, 11. Aiguilles de montres. C.

3000 Bronzes estampés.

3001 Globes, sphères, etc.

3002 *Bataille*. Aux Thernes, Cité de l'Étoile, 29. Dégras obtenu sur chamois. C.

3003 *Bataille*. Paris, r. de la Pépinière, 74. Lit en fer, tables, sommiers élastiques. C.

3004 *Batault*. Paris, r. Montorgueil, 17. Boîte de toilette en velours. C.

3005 Couleurs alcooliques.

3006 Fusils et pistolets.

3007 Gélatine.

3008 Four pour boulanger.

3009 *Baudouin* frères. Paris, r. des Récollets, 3. Cuirs vernis, toile cirée. C.

3010 *Baudrimont*. Paris, r. des Mathurins-Saint-Jacques, 10. Tonneau. C.

3011 *Baudrit*. Paris, r. de Malte, 22. Armatures en fer. C.

3012 Serpettes, sécateurs.

3013 *Baumier* et compᵉ. r. des Marais-Saint-Martin, 49. Tissus pour gilets. C.

3014 *Bavozet*. Paris, r. Saint-Étienne-Bonne-Nouvelle. Bronzes, pendules et candélabres. C.

3015 Creusets et fourneaux en terre.

3016 Encres.

3017 Colonnes et petit monument.

3018 Broderies.

3019 *Béchard*. Paris, r. de Tournon, 15. Appareils pour les déviations de la taille. C.

3120 Drap préparé avec l'apprêt hydrofuge.

3021 Tableau de tréfilerie.

3022 *Bédier-Dotin*. Paris, r. Chapon, 43. Émail peint, gravé et ciselé.

3023 *Bec*. Paris, r. des Cinq-Diamants, 10. Vernis.

3024 *Beine* (de). Paris, r. Mercier, 2. Sacs, tuyaux en fil sans couture. C.

3025 *Bessière*. Paris, r. du Faubourg-Saint-Antoine, 164. Modèle de couverture vitrée recouverte en zinc. C.

3026 *Belfield-Lefèvre*. Paris, place de la Concorde, 8. Plaques photographiques. C.

3027 Bonbonnes, bouteilles, etc.

3028 Papiers divers.

3029 Bijoux en argent, émaillés.

3030 Sucres.

3031 Papiers divers.

3032 Papiers divers.

3033 Diff. objets en cuivre rouge.

034 Pointes de Paris à la mécan.

3035 Cartons d'apprêts.

3036 Avant-trains.

3037 Savons, cierges, bougies.

3038 Façades de bois de lits.

3039 Cheminées et consoles en marbre.

3040 Consoles et plat. en marbre.

3041 Plateaux de marbre blanc.

3042 Colles.

3043 Savons.

3044 Fer pour essieux de locom.

3045 Gants.

3046 Argent fin en feuilles.

3047 Ciments.

3048 Gants.

3049 Draps divers.

3050 Draps.

3051 Draps.

3052 Bottes et barres d'acier.

3053 Peaux de veaux bronzées.

3054 Cartons, bonbonneries.

3055 Gants.

3056 Draps teints.

3057 Draps.

3058 Draps.

3959 Draps.

3060 Draps.

3061 Gants.

3062 Purgeoirs en verre.

3063 Toiles damassées.

3064 Gants.

3065 Acier en feuilles et en barres.

3261 *Billy*. Paris, r. Pigale-Saint-Georges, 30. Biscuits de Chine. C.
3262 Poteries.
3263 *Bir*, à Courbevoie (Seine). Boîtes à incubation. C.
3264 Épreuves de daguerréotype.
3265 Châssis en fer, lits en fer.
3266 Diamant coupeur de verres.
3267 *Blaise*. Paris, r. du Bac, 68. Volumes reliés. C.
3268 *Blanc*. Paris, r. de Tracy, 1. Cannes à parapluies, à ombrelles. C.
3269 Bateau, baignoire, etc.
3270 *Blanchet*. Paris, r. Chapon, 13. Camées. C.
3271 Passementerie, mantelet.
3272 *Blève*. Paris, r. de Lancry, 4. Ornements estampés. C.
3273 Châles.
3274 Produits chimiques.
3275 *Bobœuf-Casaubon*. Paris, r. Saint-Fiacre, 20. Fleurs artificielles. C.
3276 Divers articles de chasse.
3277 *Bocquet*. Paris, r. Notre-Dame-des-Victoires, 24. Bracelets divers, parures. C.
3278 *Bocquet*. Paris, r. du Temple, 103. Réveil perpétuel, avance-retard. C.
3279 Baromètres, thermomètres.
3280 Cafetières.
3281 *Boisseaux, Detot* et compᵉ. Paris, r. Vivienne, 26. Service de table doré et argenté. C.
3282 *Boisset et Gaillard*. Paris, r. de la Verrerie, 66. Bougies diaphanes et stéariques. C.
3283 *Boissonneau*. Paris, r. Neuve-des-Mathurins, 38. Yeux. C.
3284 *Bon*. Paris, rue Vaucanson,

4. Fausses pierres précieuses. C.
3285 *Bon et Pirlot*. Paris, r. Vaucanson, 4. Fausses pierres précieuses, émaux. C.
3286 *Bonafoux et Gaillard Saint-Ange*. Paris, r. du Faubourg-Saint-Denis, 120. Papiers de fantaisie. C.
3287 *Bonafoux et Gaillard Saint-Ange*. Paris, r. du Faubourg-Saint-Denis, 120. Rouleaux gravés. C.
3288 Châles.
3289 Plans de Paris.
3290 Encriers-pompes.
3291 Produits électrotypiques.
3292 *Bordeaux*. Paris, r. St-Sauveur, 12. Ornements en cuivre estampé et bois doré. C.
3293 Deux fourneaux portatifs.
3294 *Borrel*. Paris, r. Neuve-St-Merry, 13. Épaulettes et pompons. C.
3295 Châles cachemires.
3296 *Bosquillon* (Fabre). Paris, r. Neuve-St-Eustache, 24. Châles. C.
3297 *Cabanes et Marine-Heit*. Paris, faubourg St-Martin, 13. Éventails. C.
3298 *Cabeu*. Paris, r. de la Grande-Friperie, 21. Lampes à niveau constant. C.
3299 Appareil pour la fonderie.
3300 Rails, fers en barres, tôles.
3301 Mouvement de pendule.
3302 *Fraigneau*. Paris, Palais-Royal, 114, galerie de Valois. Chronomètres de poche. C.
3303 Tabatières.
3304 Appareil pour fabriq. le gaz.
3305 Machine à peigner la laine.
3306 Dessin pour velours mosaïq.
3307 *Cahier*. Paris, rue de la Fon-

taine-Molière, 26. Châsse en bronze doré. C.

3308 Moules à cierges, etc.

3309 *Culard* père et fils. Paris, r. du Regard, 2. Cribles et passoirs, tôles et cuivres. C.

3310 Fontaine à double vasque.

3311 Chronomètre, etc.

3312 Pendules à balancier circul.

3313 Cadres, panneaux, etc.

3314 Huile de cheval.

3315 *Picot*. Paris, rue Saint-Honoré, 287. Table de nuit, bois de lit. C.

3316 *Leblanc*. Paris, rue de la Madelaine, 22. Chevalets échelle. C.

3317 *Cherrier*. Paris, rue Saint-Denis, 277. Brosses à dents, à ongles. C.

3318 *Boùson*. Paris, r. du Temple, 54. Panneaux de marqueterie. C.

3319 Parquets, rampes.

3320 *Bonhomme*. Paris, rue des Fossés-Saint-Germain-l'Auxerrois, 29. Chevalets, échelle. C.

3321 Tonneaux, seaux, baquets.

3322 *Bozonet*. Paris, rue Mauvaises Paroles, 5. Articles de bonnetterie. C.

3323 Bas, guêtres, robes, etc.

3324 Statuettes, figurines, bustes.

3325 Mach. à tailler les engrenages.

3326 Horlogerie et mécanique.

3327 Corbeille, vases, etc.

3328 Coutellerie pour selliers.

3329 Fils d'Irlande et d'Ecosse.

3330 *Breton* (M^me). Paris, boulevard Saint-Martin, 3 bis. Biberons et tétines. C.

3331 *Breton*. Paris, rue du Petit-Bourbon-Saint-Sulpice, 9. Machine pneumatique, balance. C.

3332 Lampes et lustres.

3333 Serrures d'armoires, etc.

3334 *Brie* aîné, Paris, r. Jean-Jacques-Rousseau, 12. Modèles d'emporte-pièces. C.

3335 Vases pour les liquides gaz.

3336 Objets en caoutchouc.

3337 *Brocot*, Paris, r. d'Orléans, 15. Pendules, compteurs, etc. C.

3338 *Broquette* et *Le Comte*, Paris, r. du Mail, 15. Teinture sur tissus, laine, etc. C.

3339 Alambics pour la pharmacie.

3340 Décors en cartonnage.

3341 *Cambray* père, à Paris, r. Saint-Maur-du-Temple, 47. Machine à couper le jonc, les racines de paille, moulins, etc. C.

3342 Fusils et pistolets.

3343 Balances à bascule, etc.

3344 Cadres d'armoiries gravées.

3345 *Camus*, Paris, r. du Faubourg-Saint-Martin, 19. Boucles, chaînes pour chevaux. C.

3346 Marteaux, haches, etc.

3347 Papiers peints.

3348 Fers en barres, etc.

3349 Montres et autres pièces.

3350 Portef., étuis à cigarres, etc.

3351 Fusils et carabines.

3352 *Caron*, Paris, place des Victoires, 5. Contrôleur des ronde. C.

3353 Lettres de zinc en relief.

3354 Tapis.

3355 Peaux de diverses couleurs.

3356 Études anatomiques en relief.

3357 Produits chimiques.

3358 Bouteilles.

3359 Épreuves de dessins lithogr.

3360 *Cayol* (madame), Paris, r. Charlot, 12. Canne-pupitre. C.

3361 Cannes, parapluies, etc.
3362 Pierres à brunir.
3363 Calorifères.
3364 *Cercueil*, Paris, r. Traversière-Saint-Antoine, 9. Laines teintes et moulues. C.
3365 Mouvement de pendule, etc.
3366 *Chabrié* et *Neuburger*. Paris, rue de la monnaie, 9. Lampes solaires. etc. C.
3367 *Chagot* frères. Paris, rue Richelieu, 81. Fleurs artificielles. C.
3368 Caractères métalliques, etc.
3369 Cirages et vernis.
3370 Châles-cachemires.
3371 Articles en verre.
3372 Enclumes, bigornes, etc.
3373 *François*, Paris, faubourg du Temple, 23. Poupées et jouets d'enfants pour théâtres. C.
3374 Toile semi-métallique, etc.
3375 *Champion*(L.)et *Gérard*(Ch.), Paris, r. Neuve-Saint-Eustache, 15. Châles indoux et cachemires. C.
3376 Métiers de diverses formes,
3377 Couleurs.
3378 Serrures.
3379 Yeux en émail.
3380 Modèles de seringues.
3381 Une croisée montée.
3382 Gravures.
3383 *Charles*, Paris, r. Montmorency, 25. Bijouterie dorée. C.
3384 *Charles* et comp., à Paris, r. Jacob, 14. Buanderies portatives. C.
3385 *Charlot*, Paris, r. Montmorency, 1. Couteaux, flambeaux, encriers émaillés. C.
3386 Modèle de scierie mécanique.
3387 Appareil de pyrotechnie.

3388 *Charpentier* fils, à Paris, r. de la Ferronnerie, 10 et 12. Balance - bascule à ponts. C.
3389 Outils de coutellerie, etc.
3390 Soie grége.
3391 Fleurs, panier en porcel.
3392 Machines pour l'horlogerie.
3393 *Chatelain*, Paris, r. du Pont-aux-Choux, 21. Tableaux-baromètre avec mouvement de pendule. C.
3394 *Chatillon*, Paris, galerie Vivienne, 26. Pâtes et farines. C.
3395 Fusils, pistolets.
3396 App. à distiller dans le vide.
3397 *Chauviteau* et comp., Paris, r. du Havre, 5. Feuilles de zinc laminé, enseignes en zinc. C.
3398 Aciers fondus.
3399 *Chaventré*, Paris, r. Saint-Denis, 254. Couverts en métal, clyso, seringues, lampes mécaniques, etc. C.
3400 Pendule.
3401 *Chebeaux*, à Paris, r. Saint-Fiacre, 1. Dessins pour tapis, châles, robes et étoffes. C.
3402 Batistes blanches et imprimées.
3403 Rasoirs.
3404 *Cheret* jeune. Paris r. de la Fidélité, 4. Ardoises de zinc, pompe, robinets fixés sur des conduites de plomb sans soudures. C.
3405 Vignettes gravées.
3406 *Chesneaux*. Paris, r. Navarin, 13. Chemins de fer, wagons et trains de wagons. C.
3407 Calorifères portatifs, poêles.
3408 *Chevalier*. Paris, quai de

l'Horloge, 77 ter. Baromètres, manomètres et daguerréotype. C.

3409 Fourneaux calorifères.

3410 *Chevalier Curt.* Paris, rue Saint-Jacques, 264 bis. Fourneau et ses accessoires. C.

3411 Outils.

3412 *Chibon* fils. Couverture de bâtiment, plomberie, zinc. C.

3413 Châles indoux, etc.

3414 Objets de tabletterie.

3415 *Chomeau.* Paris, r. Quincampoix, 63. Chocolats. C.

3416 Essieux.

3417 *Christofle* et Comp. Paris. r. de Bondy. 52. Parures, bracelets, épingles, bagues, divers objets dorés et argentés. C.

3418 Blocs de verre de couleur.

3419 Goniomètre, sphéromètres.

3420 Mosaïque.

3421 *Claudé.* Paris, r. Beaubourg, 53. Peigne en corne et en buffle imitant l'écaille. C.

3422 Épreuves de daguerréotype.

3423 Fusils et pistolets.

3424 Porcelaine.

3425 Vases de fleurs artificielles.

3426 *Clément* père et fils. Belleville, r. des Bois, 12. Carillons à musique. C.

3427 Barattes rotatives.

3428 *Bruyer.* Paris, r. Saint-Martin, 259. Papiers filets pour l'éducatisn des vers à soie. C.

3429 *Bry.* Paris, r. du Bac, 134. Lithographie, paysages, portraits et figures au lavis et à l'estompe. C.

3430 Cuirs vernis.

3431 Portefeuilles, pupitres.

3432 Moulin à pulvériser le grain.

3433 Articles de bureau.

3434 *Buxmann.* Paris, r. Neuve-de-Nazareth, 36. Enseignes. C.

3435 Dentelles brodées, tulles brodés.

3436 Châles.

3437 *Dafrique.* Paris, r. Saint-Martin, 103. Objets de bijouterie. C.

3438 Maroquins, peaux, etc.

3439 Statues en carton-pierre.

3440 *Damême.* Paris, r. des Saints-Pères, 34. Vernis. C.

3441 *Dameron.* Paris, r. du Dragon, 25 et 31. Voitures, coupés de ville, berline de ville. C.

3442 Forceps, brise-pierre.

3443 *Darbo.* Paris, passage Choiseul, 86. Bouts de sein, biberons, pompes à sein. C.

3444 *Darche* (Mad. V$^e$). Paris, boulevard du Temple, 26. Brûloir mécanique, poêles divers et fourneaux. C.

3445 Machine à rhabiller les meules.

3446 Veaux couleur bois.

3447 *Dauphinot-Baligot.* Paris, r. des Vinaigriers, 28. Tissus divers pour gilets. C.

3448 *Dausse.* Paris, r. de Lancry, 10. Cafetières variées. C.

3449 Claies coconnières.

3450 *Deaddé.* Paris, r. Montmartre, 9. Vaches, veaux pour sellerie, moutons, veaux noirs pour chaussures, peaux de chèvres, etc. C.

3451 Métier à tisser les toiles.

3452 *Debeyne.* Paris, r. Saint-Sauveur, 33. Revers de bottes. C.

3453 Étoffes imprimées.

3454 Châles longs et carrés.

3455 Bitumes de Bastennes.

3456 *Dechany.* Paris, r. Pierre-

Levée, 15. Fermeture de portes et fenêtres, crémones. C.

3457 Cannes-parapluies mécaniques.

3458 Meules (nouveau système).

3459 *Déjardin*. Paris. r. du Perche, 14. Tableaux à horloge. C.

3460 *Delacour*. Paris, r. Vieille-du-Temple, 51. Étoffes de soie végétale et crin pour meubles. C.

3461 *Delacour*. Paris, rue aux Fers, 20. Epées, sabres, uniforme d'officier supérieur, couteau de chasse et glaive. C.

3462 Produits de chrome et produits du suif saponifié.

3463 Coutellerie de table en argent, nacre.

3464 Liquide-gaz.

3465 *Delaforge*. Paris, r. de Pontoise, 14. Forges et soufflets de forges. C.

3466 Articles de pêche.

3467 *Delagrange*. Paris, r. Saint-Martin, 210. Serrures, verroux, cadenas, espagnolettes. C.

3468 *Delahaye* et Comp. Paris, r. de Reuilly, 3. Or en feuilles, bronze en poudre. C.

3469 *Delahaye*. Paris r. Chapon, 20. Débitants à rouleaux d'acier fondu, unis et gravés. C.

3470 Fusils.

3471 Bateau à vapeur en fer.

3472 *Morinière*(de la), *Gonin* et *Michelet*. Paris, quai de Béthune, 2. Impressions sur tissus. C.

3473 *Delannoy* (Mad. Vᵉ). Paris, r. Neuve-des-Petits-Champs, 69. Jupes en tissus à côtes. C.

3474 Cheminées calorifères.

3475 Oiseaux sur des arbustes.

3476 Impressions lithographiques.

3477 Baignoires.

3478 Patins-nageoires.

3479 Chronomètre.

3480 Couleurs, impressions.

3481 *Delnef*. Paris, r. de la Poterie-des-Arcis, 22. Jus de réglisse parfumé. C.

3482 Produits chimiques.

3483 Carabines, mousquetons, pistolets.

3484 Savons de toilette et de ménage.

3485 Toile écrue teinte en noir.

3486 Terre cuite imitant la pierre.

3487 Tapisseries pour fauteuils.

3488 Feuilles de colle forte.

3489 Restauration de vieux tapis.

3490 Batiste, foulards de fil imprimés.

3491 *Déon*. Paris, r. de la Paix, 4 bis. Conques acoustiques. C.

3492 Impressions sur mousselines.

3493 Draps feutrés pour vêtements.

3494 Machine à vernir les boutons.

3495 *Dericquehem*. Paris, faubourg Saint-Honoré, 118. Cirages et vernis. C.

3496 Limes et outils.

3497 *Deroy*. Paris, r. St-Thomas-du-Louvre, 42. Dessins de broderies. C.

3498 Instruments pour le daguerréotype.

3499 *Desbassyns* (comte de Richemont). Paris, faubourg Saint-Honoré, 90. Chalumeaux aérhydriques. C.

3500 Fermoirs de gants, gants.

3501 *Deshayes*. Paris, r. Hautefeuille, 12. Modèles de gravure. C.

3502 *Desnyau.* Paris, r. Jean-Jacques-Rousseau, 5. Fusils. C.
3503 Ruches en paille et en bois.
3504 *Despierres* et Comp. Paris, r. Sainte-Apolline, 2. Parapluies. C.
3505 *Desprez.* Paris, faubourg St-Martin, 174. Suifs, chandelles, bougies et cierges. C.
3506 Fusils et pistolets.
3507 Tissus blanchis.
3508 Machine pour blanchir les étoffes.
3509 *Dezobry.* Paris, r. du Faubourg-Poissonnière, 4. Fruits et légumes conservés. C.
3510 Selles, harnais, brides.
3511 Dents minérales.
3512 Habits remis à neuf.
3513 Peaux forte et moyenne.
3514 Cadres en bois.
3515 *Dieudonné.* Paris, r. de Bondy, 2. Siéges mobiles inodores. C.
3516 *Dobignard.* Paris, r. de la Cité, 15. Bouches de fours de boulangers et pâtissiers. C.
3517 *Doderet* (Vᵉ). Paris, r. Beaurepaire, 24. Ecrans à main et de cheminée. C.
3518 Barres et bottes de fer laminé.
3519 *Donninger.* Paris, r. Montorgueil, 64. Pipes et objets de physique amusante. C.
3520 *Dordet.* Paris, r. des Fossés-Montmartre, 9. Couteaux de table, couverts à salade. C.
3521 Coffres-forts.
3522 Fourneaux à réverbère.
3523 *Doremus* et *Enfer.* Paris, r. de Malte, 32. Appareils de ventilation. C.

3524 Couvertures en laine et en coton.
3525 *Dorval.* Paris, r. Neuve-Montmorency, 1. Coffres de sûreté. C.
3526 Moulures pour bâtiments.
3527 Sable asphaltique.
3528 Serrures de sûreté, verrous.
3529 Pinceaux pour la miniature.
3530 Broderies et lingeries, nouveautés.
3531 Mouchoirs, cols et manchettes brodés.
3532 Bougie stéarique.
3533 Savons.
3534 Librairie.
3535 *Dubois.* Paris, r. des Lombards, 35. Bougie stéarine, bougie de cire. C.
3536 Battant mécanique à boîtes à rotation.
3537 *Ducel* fils. Paris, r. des Quatre-Fils, 22. Vasques, croix, fonts baptismaux. C.
3538 Châles longs et carrés.
3539 Chapeaux.
3540 Horloge et moufle.
3541 Filtres, fontaines filtrées au charbon, vases.
3542 Prussiate de potasse, bleu, engrais.
3543 Poudres à clarifier les vins.
3544 Brides.
3545 Oiseaux, animaux empaillés, imitations de la nature.
3546 *Dufour* et *Demalle.* Paris, r. Neuve-Saint-Augustin, 32. Plomb coulé en table et en fils. C.
3547 *Duhamel* frères. Paris, r. des Deux-Boules, 11. Nappes et serviettes ouvrées, linge de table damassé. C.
3548 Tableau d'enseigne en zinc.
3549 Outils de différentes formes.
3550 *Du Mény.* Paris, boulevard Poissonnière, 23. Asphalte

3598 Couvre-pieds.
3599 *Fatoux*. Paris, r. du Cadran, 25. Pendules. C.
3600 *Faucillon*. Paris, r. de Cléry, 21. Châles.
3601 *Fauh*. Paris, r. du Bac, 12. Glaces gothiques, cheminée en glaces. C.
3602 *Fauler* frères. Paris, r. Mauconseil, 16. Peaux de chèvres, veaux et moutons. C.
3603 Mannequins, armatures.
3604 Vases en étain pour églises.
3605 Coupons d'étoffes pour gilets.
3606 *Favrel*. Paris, r. du Caire, 27. Echantillons d'or. C.
3607 Couleurs sur laine fine et cachemire.
3608 Cylindres gravés à la mollette.
3609 Vernis et cirages pour chaussures.
3610 Modèle de comble en fer.
3611 Fours de diverses formes.
3612 Tableaux diaphanes en relief.
3613 *Fessard*. Paris, r. des Cinq-Diamants, 2. Modèles en cire, pièce d'anatomie. C.
3614 Appareils de chauffage.
3615 *Feuillâtre*. Paris, r. Croix-des-Petits-Champs, 39. Garde-robes, toilette. C.
3616 *Fèvre*. Paris, r. Saint-Honoré, 398. Bi-carbonate de soude, muriate de chaux. C.
3617 *Feyeux*. Paris, r. Taranne, 10. Farine de marrons d'Inde. C.
3618 Coffres-forts, serrures et grilles de sûreté.
3619 Papiers gauffrés et imprimés.
3620 *Un élève de Calamaï de Florence*. Vases et modèles en cire. C.
3621 *Flamet*. Paris, r. des Arcis, 25. Bretelle, jarretières et bas élastiques. C.

3622 Chapeaux imperméables.
3623 *Fleschelle*. Paris, r. Richelieu, 95. Chapeaux de paille. C.
3624 *Fleuret*. Paris, r. Pagevin, 8. Nécessaire - embauchoir, embauchoirs simples. C.
3625 Modèle de comble en fer.
3626 *Fly*. Paris, r. Sainte-Anne, 27. Conserves alimentaires. C.
3627 *Follet*. Paris, r. des Charbonniers-Saint-Marcel, 16 et 18. Lustres, vases et objets de diverses formes. C.
3628 Tricot, bonneterie à jour.
3629 Tuyaux.
3630 Lavis et estompes, etc.
3631 *Fortier*. Paris, r. Neuve-St-Eustache, 36. Châles, écharpes et tapis. C.
3632 *Fouché-Lepelletier*, à Javel, près de Paris. Acide sulfurique. C.
3633 *Fouché*, *Lepelletier* et *Laming*, à Javel, près Paris. Sulfate d'ammoniaque. C.
3634 Châles longs et carrés.
3635 Meubles divers sculptés.
3636 *Fourneret*. Paris, r. Bourbon-Villeneuve, 49. Billards. C.
3637 *Fournier*. Paris, r. Saint-Jacques, 27. Papiers-marbres et papiers chinés pour la dorure. C.
3638 Stores avec arabesques.
3639 Chaire à prêcher, etc.
3640 *Frappa et Boizard*. Paris, r. Bourbon-Villeneuve, 34. Chapeaux de paille. C.
3641 Préparation des filaments.
3642 Châles.
3643 *Frétille*. Paris, r. de Cléry, 6. Châles cachemires et indoux. C.

644 *Frick.* Paris, r. de la Paix, 9. Teinture de cachemires de l'Inde. C.

3645 Étoffes et coutils rayés.

3646 *Froid.* Paris, r. du Faubourg-Saint-Martin, 50. Limes pour métaux et cristaux. C.

3647 Cirages et vernis.

3648 Fourneaux, calorifères.

3649 Modèles d'estampage.

3650 Voitures.

3651 *Garnier* et Comp. Paris, r. des Trois-Bornes, 17. Etoffes pour robes, gilets, meubles. C.

3652 *Garnot.* Paris, r. du Temple, 98. Echantillons de tabletterie. C.

3653 *Gascoin.* Paris, r. Neuve-Chabrol, 23. Moulures en tôles pour vitraux, vitraux, châssis. C.

3654 *Gasnier.* Paris, Place-des-Victoires, 5. Papier de toute nature. C.

3655 *Boulanger* (Ch.) et Comp. Paris, r. Hauteville, 35. Draps, mousselines, soie et velours. C.

3656 *Sivel, Caron* et Comp. Paris, r. Neuve-Saint-Eustache, 25. Machine à diviser les châles doubles. C.

3657 *Sœhnée* frères. Paris, r. des Vinaigriers, 17. Flacons de vernis pour les métaux. C.

3658 *Sohn.* Paris, r. de la Madeleine, 2. Statuettes, bénitier. C.

3659 Serrures à soupapes.

3660 *Solon.* Paris, r. de Paradis-Poissonnière, 4. Sculptures d'église en ciment romain. C.

3661 *Gastine-Renette.* Paris, rond-point-des-Champs-Elysées, 1. Fusils et pistolets. C.

3662 Chapeaux de paille.

3663 Fleurs artificielles.

3664 Jardinières en fonte.

3665 Galeries en cuivre estampé.

3666 Gravures, etc.

3667 Gazelle moulée en plâtre.

3668 *Stolz.* Paris, r. du Faubourg Saint-Denis, 58. Ciseaux de tailleur. C.

3669 Chapeaux imperméables.

3670 Châles, cachemires indous.

3671 *Alessandri.* Paris, r. Folie-Méricourt, 21. Feuilles d'ivoire, divers objets de tabletterie. C.

3672 Cheminées, statues.

3673 *Cremer.* Paris, r. Lacasse, 7 (au Marais). Meubles en mosaïque. C.

3674 Cirage ordinaire verni.

3675 Essieu, rouillère à vapeur.

3676 Pentures en fer forgé.

3677 *Gâteau.* Paris, r. de Grenelle-Saint-Germain, 52. Conques acoustiques. C.

3678 Limes.

3679 *Croco.* Paris, r. Charonne, 165. Tissus en laine et cachemire pour gilets. C.

3680 Système pour les irrigations.

3681 Appareils de daguerréotype.

3682 Cage de pendule, etc.

3683 Minerai de cobalt, etc.

3684 Bijoux dorés.

3685 Châles cachemires.

3686 Châles cachemires.

3687 Cuirs vernis.

3688 Garniture de cheminée.

3689 Outils pour le charronnage.

3690 Fusils et pistolets.

3691 Cadres, pendules.

3692 *Cattaert.* Paris, faub. Saint-Denis, 25. Bronzes et cristaux. C.

3693 Gravures diverses.
3694 Savons.
3695 *Cottin*. Paris, r. aux Ours, 26. Ronds de serviette, hochets, etc. C.
3696 Dessins industriels.
3697 Cirage.
3698 Toiles, laines, barèges, etc.
3699 Dessins de tissus.
3700 *Simon et Giroux*. Paris, r. Montmorency, 37. Lorgnettes-jumelles, cannes à lorgnons. C.
3701 *Mirouffe*. Paris, r. du Faubourg-Saint-Antoine, 91. Découpures d'ébénisterie. C.
3702 *Guilbert* fils. Paris, r. Neuve-St-Martin, 28. Peignes et tabletterie. C.
3703 *Bonnet*. Paris, r. Grénetat, 16. Mesures linéaires sur rubans, cubateurs. C.
3704 *Garceaux*. Paris, r. Traverse-Saint-Germain, 5. Presses pour l'impression en relief. C.
3705 *Richebourg*. Paris, quai de l'Horloge, 69. Télescope réfracteur, microscopes achromatique. C.
3706 Découpures de marqueterie.
3707 Couleurs fines.
3708 *Sorel*. Paris, r. de Lancry, 6. Calorifère, appareils de chauffage. C.
3709 *Soria* fils. Paris, r. des Fossés-Montmartre, 31. Cordes, tapis, étoffes, casquettes, licols, hamacs. C.
3710 Café-chicorée-moka.
3711 Fourneau économique.
3712 *Souty*. Paris, place du Louvre, 18. Cadres dorés. C.
3713 Cuirs vernis et corroierie.
3714 *Spinau*. Paris, r. Bayard, 17, aux Champs-Elysées. Une voiture de fantaisie. C.
3715 *Amouroux*. Paris, r. du Pont-Louis-Philippe, 6. Dessin d'un moulin à blé. C.
3716 Hydromètre.
3717 Porcelaines blanches.
3718 Verre filé et maillons.
3719 Volumes reliés.
3720 *Andriot*. Paris, r. Rochechouart, 23. Espagnolettes et cheminées. C.
3721 Cartes de géographie.
3722 *Gavrel*. Paris, r. Saint-Merry, 48. Peinture et décors sur bâtiments. C.
3723 Perles fausses.
3724 Articles cylindriques en fer.
3725 *Geffrotin*. Paris, r. de Cléry, 13. Robe, écharpes, châles. C.
3726 Galons en crin pour meubles.
3727 *George*, à Montmartre, boulevard de la Barrière-Blanche, 36. Tentes et guérites. C.
3728 *Contamine*. Paris, r. Geoffroy-l'Asnier, 18. Fermeture de croisées. C.
3729 Appareils en bronze.
3730 *Gérard*. Paris, r. St-Paul, 27. Coffrets en verre filé. C.
3731 *Clouet*, r. des Mauvais-Garçons-Saint-Jean, 3. Glu marine ; bois, toiles, fontes, etc. C.
3732 Limes.
3733 Caoutchouc, etc.
3734 Savons.
3735 *Raymond*, route d'Orléans, 196, au Grand-Montrouge. Roues et essieux. C.
3736 Fleurs artificielles.
3737 *Audry*. Paris, r. Rochechouart, 44. Stores. C.
3738 Gommeline, gomme factice.
3739 Modèles anatomiques.
3740 Brosses et pinceaux.

3741 Bougies.
3742 Caisses en fer, serrures, etc.
3743 Horloges, régulateurs.
3744 Phares lenticulaires, fanaux.
3745 *Leperdriel*. Paris, faubourg Montmartre, 78. Produits pharmaceutiques C.
3746 Draps divers.
3747 Fer en barres.
3748 Couverture en coton.
3749 *Leprince*. Paris, r. de Louvois, 12. Garde-robes et pompe. C.
3750 Lunettes, etc.
3751 Cuirs de bœufs, de veaux.
3752 *Leroy* et compᵉ. Paris, r. Notre-Dame-de-Nazareth, 8. Siéges inodores hydrauliques et lavabo. C.
3753 *Leroy*. Paris, quai Saint-Michel, 15. Stores divers. C.
3754 *Leroy*. Paris, Palais-Royal, 13 et 15, et galerie Montpensier. Pendules portatives et montres. C.
3755 Cheminées en marbre.
3756 Couverts en métal aciéré.
3757 *Lesguillier*. Paris, r. Mauconseil, 1. Biscuits.
3758 Yeux en émail.
3759 *Leulliet*. Paris, r. Montmorency, 46. Cuirs et pâtes à rasoirs. C.
3760 *Levasseur*. Paris, r. Haute-des-Ursins, 4. Etabli, tour allemand, outils d'affûtage. C.
3761 *Levasseur* frères. Paris, r. Saint-Victor, 116. Couvertures, mérinos, laine fine et coton. C.
3762 Cuirs tannés en croûte, etc.
3763 *Levent et Lamy*. Paris, r. Montmartre, 14. Lanterne carrée, lampes. C.
3764 Corbeilles, chaises, etc.
3765 Tricots, canevas, tapis.

3766 *Lézé*. Paris, r. de la Paix, 19. Régulateurs, pendules de voyage, montres et chronomètres. C.
3767 *Lhominy*. Paris, r. des Vignes-Saint-Marcel, 1 et 3. Cordages de marine. C.
3768 Acide oxalique.
3769 Tapis divers et châles.
3770 Brides, selles, harnais.
3771 Application d'émail.
3772 Limes et outils de graveurs.
3773 *Lignière*. Paris, r. de Cléry, 13. Châles. C.
3774 *Linard*. Paris, place des Victoires, 12. Châles, crêpe brodé, tissus français. C.
3775 *Lion* frères et compᵉ. Paris, place des Petits-Pères, 9. Châles cachemires et indoux. C.
3776 *Liré*. Paris, r. de l'Arbre-Sec, 42. Four à pâtisserie, gril, cafetières. C.
3777 *Lizé*. Paris, galerie Colbert, 19. Descente de lit, garniture de cheminée. C.
3778 Plumeaux pour dames.
3779 Arbre formant coude pour paquebot.
3780 Sculptures, décors.
3781 Caractères de cuivre en page.
3782 Feuille en carton-pâte pour l'apprêt des châles.
3783 *Longueville*. Paris, r. du Cherche-midi, 39. Voiture nacelle. C.
3784 Régulateurs.
3785 *Louet*. Paris, r. Royale-St-Martin, 18. Chaînes à jalousies, jalousies montées. C.
3786 Préparations ferrugineuses.
3787 Tuyaux et tables de plomb.
3788 *Lubienski*. Paris, r. Saint-Joseph, 10. Dessins pour foulards, mouchoirs. C.

3789 Rideaux et pièces de mousse-
      line.
3790 *Lüer*. Paris, r. de l'École-de-
      Médecine, 12. Instruments
      de chirurgie. C.
3791 *Luynes* (duc de). Paris, r.
      St-Dominique, 38. Aciers
      damassés. C.
3792 *Duvoir - Leblanc* (Léon) et
      Comp. Paris, r. Notre-Da-
      me-des-Champs, 24. Appa-
      reil hydropyrotechnique.
      C.
3793 Calorifères.
3794 Biscuits de mer.
3795 Auges, pavés en ciment ro-
      main de Vassy et de Pouilly.
3796 Meubles.
3797 *Legras* et *Poitevin*. Paris. r.
      Rambuteau, 23. Métier
      circulaire.
3798 *Kurtz*. Paris, r. des Gravil-
      liers, 11 et 18. Machine à
      moirer et à gauffrer. C.
3799 Bandages.
3800 Loto géographique.
3801 Perles d'acier.
3802 *Sellier*. Paris, r. Roche-
      chouart, 14. Bibliothèque,
      table de salon. C.
3803 Armoire à glace, commode.
3804 *Sintz*. Paris, r. des Tournel-
      les, 47. Chaises et tabou-
      rets. C.
3805 Bureau, prie-dieu.
3806 *Michniewitz*. Paris, faubourg
      St-Antoine, 75. Tables.C.
3807 Meubles, secrétaire.
3808 Lit, commode, bureau, etc.
3809 *Barthélemy*. Paris, Petite-
      rue-Saint-Pierre, 14. Bil-
      lard. C.
3810 *Colin*. Paris, r. d'Anjou, 10,
      au Marais. Jouets. C.
3811 Armoire à glace, commode,
      lit, table.
3812 *Jolly*. Paris, r. du Faubourg-

Saint-Antoine, 38. Lit,
      armoire et meubles de
      fantaisie. C.
3813 Boîtes de pendules et de ré-
      gulateurs.
3814 *Guilelouvette* et *Thomeret*.
      Paris, r. des Marais-Saint-
      Martin, 47. Table de bil-
      lard en fonte de fer. C.
3815 Ameublement de chambre à
      coucher.
3816 *Gau*. Paris, r. Neuve-Saint-
      Jean, 11. Fauteuils et ca-
      napé. C.
3817 Prie-dieu, meubles, conso-
      les, tables, lits.
3818 Lits doubles et divans.
3819 Lit, divan, banquette.
3820 Harpes.
3821 *Guéry*. Paris, r. du Faubourg-
3822 *Winternitz*. Paris, r. Simon-
      le-Franc, 18. Tables. C.
3823 Canapé, chaise, fauteuil.
3824 *Balny* jeune. Paris, r. de
      Charenton, 32 et 37. Fau-
      teuils, chaises et cana-
      pés. C.
3825 *Allard*. Paris, r. du Fau-
      bourg-du-Temple, 95.
      Fauteuils, écrans, prie-
      dieu, guéridon. C.
3826 Papiers peints.
3827 Bottes, soulier et bottines
      vernis.
3828 *Ebert* et *Buffard*. Paris, r. du
      Faubourg-Saint-Antoine,
      297. Papiers peints. C.
3829 Bracelets et bagues.
3830 Cuivre laminé.
3831 *Jassonaix*. Paris, r. du Tem-
      ple, 35. Pendule, candé-
      labres, et coupes. C.
3832 *Pieron*. Paris, r. de la Croix,
      17. Ornements en bron-
      ze. C.
3833 Dents minérales.
3834 Dessins pour le papier peint.

3.

3835 *Dubos*. Paris, r. Sainte-Marguerite, 18. Registres, portefeuilles et reliures.C.

3836 *Siguy*. Paris, r. de la Bourse, 9. Brodequins. C.

3837 *Daniel*. Paris, r. de la Vieille-Bouclerie, 24. Pianos. C.

3838 *Duquesnoy*. Paris, faubourg Saint-Denis, 85. Biberons.

3839 *George* père et fils. Paris, r. de l'Orme, 9. Balances à bascule. C.

3840 Appareils pour pianos.

3841 Cadre, album, papiers satinés et gaufrés.

3842 Lampes de différ. modèles.

3843 *Silvant*. Paris, r. Croix-des-Petits-Champs, 43. Lampes, trépieds sous les lampes. C.

3844 *Plé*. Paris, r. des Fontaines-du-Temple, 29. Lampes et candélabres. C.

3845 *Zerr*. Paris, galerie Colbert, 8 et 10. Étoffes de crins. C.

3846 *Hubert* fils. Paris, r. de Bondy, 70. Lustres en zinc solidifié. C.

3847 Lampes diverses.

3848 Lampe, veilleuse, bidon, etc.

3849 Lampes de divers modèles.

3850 Lampes.

3851 Lampes.

3852 Calorifères et cheminées.

3853 *Descroizilles*. Paris, faubourg Saint-Martin, 77. Appareils de chauffage. C.

3854 Fourneaux, calorifères.

3855 Calorifères lumineux.

3856 *Birckel*. Paris, rue Fontaine-au-Roi, 58. Cheminée, calorifère, poêle et baignoire. C.

3857 Animaux conservés.

3858 Appareil distillatoire pour solidifier l'acide carboniq.

3859 Calorifère, étuve de pâtissier.

3860 Cheminée mobile.

3861 Garde-robes.

3862 Cylindres, lithographie.

3863 Appareils de chauffage.

3864 Télégraphe.

3865 *Simon*. Paris, r. Neuve-Saint-Martin, 18. Mécanique à cambrer les tiges de bottes. C.

3866 Poêles calorifères.

3867 Plan automot. de chem. de fer.

3868 *Girault*. Paris, r. d'Ulm, 12. Modèle d'un système de charpente rigide. C.

3869 Lampes pour le gaz hydrog.

3870 Mèches pour lamp. et quinq.

3871 Têtes de cheminées en tôle.

3872 Fers.

3873 *Gillet*. Paris, r. du Port-Mahon, 14. Appareils pour glaces alimentaires, lampes. C.

3874 Cheminées et calorifères.

3875 *Larivière, Legrand* et Comp. Paris, r. Barbette, 14, au Marais. Ressorts en acier pour meubles. C.

3876 Lampes.

3877 *Pernet*. Paris, r. des Filles-Saint-Thomas, 19. Bandages. C.

3878 *Truc* et *Brismontier*. Paris, r. Portefoin, 3. Lampes et lanternes. C.

3879 *Joanne*. Paris, r. Sainte-Avoye, 63. Lampes et suspension. C.

3880 *Lécuyer*. Paris, r. Montmartre, 63. Lampes oléostatiques. C.

3881 Un dessinateur pour prendre la mesure du pied.

3882 Lits élastiques.

3883 *Chabert*. Paris, r. de Charenton, 44. Toilette, commode. C.

3884 Lit, armoire à glace, etc.

3885 Lit, commode, chaise, etc.
3886 *Bertaud* et *Lucquin*. Paris, r. Meslay, 57. Parquets. C.
3887 Commode et lit en palissandre.
3888 Chaises, fauteuils et console.
3889 Marqueterie et bronze.
3890 Buffet, étagère.
3891 *Boulung*. Paris, r. du Faubourg-Saint-Antoine, 23. Armoires. C.
3892 Cannelures pour ébénisterie.
3893 Gommes diverses.
3894 Toisons de laine en suint.
3895 Somatomètre brisé.
3896 Aube, écharpes, voilettes.
3897 *Douaissé*. Paris, r. de Bondy, 76. Machine à hacher la viande. C.
3898 Piano droit.
3899 Piano.
3900 Fourneaux, appar. de chauff.
3901 *Luet*. Paris, faubourg Saint-Denis, 71. Fauteuils, canapé et cnosole. C.
3902 *Desvignes*. Paris, r. Sainte-Foi, 24. Panier à bois pour appartement. C.
3903 Panier de fantaisie orné.
3904 Armoire, lit, commode, etc.
3905 *Lecoq-Préville*. Paris, passage du Saumon, 50, 54. Gants de chevreau. C.
3906 Garde-robes de differ. genres.
3907 Pied de table à moul. torses.
3908 Chapeaux de paille de France.
3909 Nouvelle cheminée, calorif.
3910 Chaussures diverses.
3911 Appareils de chauffage.
3912 *Nègre*. Paris, r. d'Argenteuil, 12. Fauteuil et chaise. C.
3913 Baignoire avec app. de chauff.
3914 *Paul-Simon*. Paris, boul. du Temple, 42. Porte-empreinte métallique. C.
3915 Broderies et tapisseries.

3916 Châles, écharpes et brod.
3917 Piano.
3918 Instrument de musique dit Mélo-Courtier.
3919 Géodésimètre et chronoscope.
3920 Pompe à incendie.
3921 Manomètre.
3922 Fleurs artificielles.
3923 *Petit-Colin*. Paris, r. de Lille, 47. Cadres de dessins gravés. C.
3924 Cables en fil de fer.
3925 Machine à fabriquer les clous d'épingles.
3926 Oléine pour horlogerie.
3927 Panneaux en lave émaillée.
3928 Garde-robes hydrauliques.
3929 Flottes de soie.
3930 Échantillons de soie grége.
3931 Flottes de soie grége.
3932 Échantillons de toile à voiles.
3933 Échantillons de coton de la pépinière d'Alger.
3934 Cuvettes, cornues, creusets.
3935 Planches de cuivre.
3936 Machine à filer le coton, dite *Selfacting*.
3937 Tapis et tapisseries.
3938 Draps divers.
3939 Laines en suint.
3940 *Régnier*. Paris, pass. Véro-Dodat, 6. Perruques et toupets. C.
3941 *Nolet*. Paris, r. Montmartre, 133. Dos élastiques et buscs mécaniques pour corsets. C.
3942 *Millot*. Paris, r. Neuve-des-Petits-Champs, 77. Corsets. C.
3943 Perruques et faux toupets.
3944 Perruques.
3945 Perruques.
3946 Corsets.
3947 Corsets.
3948 Perruques, toupets.

3949 Corsets.

3950 *Senn* (M^me V^e). Paris, r. Montholon, 12. Corsets en gros de Naples et à élastiques. C.

3951 Corsets.

3952 Corsets.

3953 *Baudin*. Paris, Palais-Royal, 173. Perruques, tours et toupets. C.

3954 *Buret*. Paris, passage du Caire, 38. Corsets. C.

3955 *Gachin*. Paris, place Maubert, 6. Cache-folies, côtés et finitions. C.

3956 Perruques, toupets et tours.

3957 Corsets sans goussets.

3958 Dentelles d'Alençon.

3959 Corbeilles de mariage.

3960 Pendules, tabletterie, ébénisterie, etc.

3961 Machine à tondre les draps.

3962 Tissus en laine et coton.

3963 Marbres pour la statuaire.

3969 *Silva*. Paris, r. St-Honoré, 290 bis. Tresses en cheveux. C.

www.ingramcontent.com/pod-product-compliance
Ingram Content Group UK Ltd.
Pitfield, Milton Keynes, MK11 3LW, UK
UKHW022126070726
13613UKWH00003B/1270